Fenomenologia steinerpedagogisessa
opettajankoulutuksessa

Raimo Rask

Raimo Rask

Fenomenologia steinerpedagogisessa opettajankoulutuksessa

Snellman-korkeakoulun filosofista taustaa

Ensimmäinen painos ilmestyi vuonna 2003 otsikolla Fenomenologia tutkimuksen ja opetuksen lähtokohtana Snellman-korkeakoulussa. Tähän toiseen painokseen on tehty lisäyksiä liittyen viimeaikaiseen fenomenologiseen tutkimukseen ja erityisesti Martin Heideggerin ajatteluun.

Kustantaja: BoD · Books on Demand,
Mannerheimintie 12 B, 00100 Helsinki, bod@bod.fi
Kirjapaino: Libri Plureos GmbH,
Friedensallee 273, 22763 Hampuri, Saksa
ISBN: 978-952-80-9724-2

Sisällysluettelo

6

1. JOHDANTO

Esittelen tässä kirjoituksessa joitakin Snellman-korkeakoulussa kehitettävän korkeakoulupedagogiikan ja tutkimuksen yleisiä, fenomenologiseen filosofiaan pohjaavia piirteitä. Pyrin osoittamaan miten steinerpedagogisessa koulutuksessa esiintyvä filosofinen ajattelu ja filosofinen käsitys ihmisestä liittyy länsimaisen filosofian traditioon ja mitä yhtymäkohtia sillä on akateemiseen kasvatusfilosofiaan.

Eroavuuksia tieteenfilosofisissa lähtökohdissa esiintyy yleensä luonnontieteiden ja humanististen tieteiden välillä. Tällöin tutkimuskohteiden luonteen erilaisuus nähdään sellaisena perusteena, jonka katsotaan vaativan myös erilaista tieteenfilosofista asennetta. Koska yliopistollisiin koulutusohjelmiin kuuluu sekä luonnontieteellisiä että humanistisia opintoja, on odotettavissa, että akateemisissa oppilaitoksissa tavataan myös toisistaan poikkeavaa tieteenfilosofista ajattelua.

Snellman-korkeakoulun erityisten opetus- ja tutkimusmenetelmien perustalla esiintyy steinerpedagogiikalle ominainen filosofinen käsitys ihmisestä. Näitä menetelmällisiä ja filosofisia erityispiirteitä tämä kirjoitus pyrkii valaisemaan.

Kysymys menetelmistä liittyy siten Snellman-korkeakoulun steinerpedagogiseen taustaan. Steinerpedagogiikan *ihmiskäsitys* (käsitys ihmisestä fyysisenä, tajunnallisena ja henkisenä olentona) palauttaa kysymyksen perusteista filosofisen antropologian piiriin.

Snellman-korkeakoulussa suhde steinerpedagogiikkaan ja sen taustalla olevaan hengentieteelliseen ihmiskäsitykseen nähdään *tutkivaksi* – ei dogmaattiseksi tai "opilliseksi". Korkeakoulun tehtävänä ei siten ole "opin" jakaminen vaan koulutuksen tarjoaminen steinerpedagogiikassa kehitettävän sekä yleensä ihmisen kasvuun ja kasvatukseen kohdistuvan tutkimuksen pohjalta. Näin tulkitaan korkeakoulun ylläpitämisluvassa mainittua velvoitetta kehittää steinerpedagogista opettajankoulutusta sekä kasvatuksen ja koulutuksen tutkimusta ja käytäntöä. Tätä koulutustehtävää Snellman-korkeakoulu on sitoutunut edistämään tutkimuksen ja avoimen itsearvioinnin sekä julkisen arvioinnin turvin.

Lyhyen historiansa aikana Snellman-korkeakoulussa on tuotettu niu-kasti systemaattisia esityksiä ko. alueelta.[1] Vuonna 2001 suoritettu toiminnan itsearviointi, Opetushallituksen yleisopintojen ulkoinen arviointi (2001)[2] sekä Korkeakoulujen arviointineuvoston suorittama steinerpedagogisen opettajankoulutuksen arviointi (2002)[3] antavat joitakin viitteitä pedagogisesta lähestymistavasta ja toiminnan käytännöstä. Steinerpedagogiikasta on toisaalta olemassa runsaasti yleistä, muualla tuotettua tutkimusta. Käsillä oleva tieteenfilosofinen tarkastelukin on enintään luonnehdinnan kaltainen. Snellman-korkeakoululle ylläpitämisluvassa määritelty tarkoitus ja koulutustehtävä antavat tälle luonnehdinnalle kuitenkin selkeän suunnan:

Tarkoitus

Oppilaitoksen (Snellman-korkeakoulun) tarkoituksena on edistää opiskelijoiden inhimillistä ja ammatillista kehitystä, lähtökohtana on laaja-alainen käsitys sivistyksestä, johon kuuluu filosofisia, tieteellisiä, taiteellisia ja eettis-käytännöllisiä opintoja. Toiminnassa painottuu steinerpedagoginen ja fenomenologinen lähestymistapa, joka pyrkii ottamaan huomioon myös ihmisen ja maailman henkisen ulottuvuuden. Koulutuksen tueksi kehitetään siihen liittyvää tutkimusta ja pyritään laajaan kansalliseen ja kansainväliseen yhteistoimintaan ja vuorovaikutukseen muiden opettajankoulutuslaitosten kanssa

Koulutustehtävä

Snellman-korkeakoulu on valtakunnallinen oppilaitos, jonka tehtävänä on steinerpedagogiselta pohjalta kehitettyjen yleissivistävien opintojen järjestäminen. Tavoitteena on yksilön kykyjen, fyysisten, psyykkisten sekä henkisten voimavarojen herättäminen ja keinojen tarjoaminen näiden kykyjen elinikäiselle ja tasapainoiselle kehittämiselle.

Yleisopinnot toimivat elämänhallintaan ja työelämässä jaksamiseen suuntautuvana sekä sosiaalisten taitojen ja taiteellisen luovuuden kehittämiseen pyrkivänä elinikäisen oppimisen linjana ja myös perustana jatko-opinnoille Snellman-korkeakoulussa. Muuta, pääasiassa steinerpedagogiikalle pohjautuvaa koulutusta ovat mm. puhe- ja draamataiteen, goetheanistisen kuvataiteen sekä biodynaamisen viljelyn ja luonnonhoidon koulutus. Erityisenä koulutustehtävänä on antaa steiner-

1   Snellman-korkeakoulun pedagogiikasta on ilmestynyt Simo Skinnarin ja Raija Huhmarniemen tekemä tutkimus: Sivistys aikuiskasvatuksessa – tutkielma Snellman-korkeakoulun pedagogiikasta (1995).

2   Tim Lamminranta ja Pentti Yrjölä: Snellman-korkeakoulun yleisopintojen arviointi, Opetushallitus, 2001.

3   Nurmela-Antikainen, Ropo, Sava, Skinnari: Kokonaisvaltainen opettajuus – steinerpedagogisen opettajankoulutuksen arviointi, Korkeakoulujen arviointineuvoston julkaisuja 4:2002.

9

pedagogista opettajankoulutusta.

Snellman-korkeakoulu on siten:

1) Fenomenologisesti, erityisesti steinerpedagogisesti suuntautunut korkeakoulu.

2) Korkeakoulu, joka toimii laajan, klassisen sivistysperiaatteen mukaisesti.

3) Elinikäisen kasvun periaatteita kehittävä korkeakoulu.

4) Sellaista fenomenologista tutkimusasennetta kehittävä ja soveltava korkeakoulu, joka ottaa huomioon myös todellisuuden henkisen ulottuvuuden.

Kohta 1) määrittelee Snellman-korkeakoulun erityisesti steinerpedagogiseksi oppilaitokseksi. Steinerpedagogiikka tunnetaan Suomessa lähinnä steinerkoulujen ja steinerpäiväkotien toiminnan kautta. Puhutaan "vaihtoehtokoulusta" tai "reformipedagogisesta koulusta". Steinerkoulut ja – päiväkodit ovat Suomessa osa virallista koulutusjärjestelmää ja niiden asema on järjestetty perusopetus- ja lukiolain yhteydessä. Niiden opettajakoulutus on järjestetty siten, että kelpoistuminen on mahdollista saavuttaa kahta eri tietä: toisaalta yliopistojen opettajankoulutus-laitoksissa tai sitten Snellman-korkeakoulun steinerpedagogisessa opettajankoulutuksessa. Snellman-korkeakoulu on vastannut steinerkoulujen luokanopettajien ja steinerpäiväkotien opettajien koulutuksesta vuodesta 1981 lähtien.

Snellman-korkeakoulusta valmistuvien opettajien kelpoisuus on määritelty asetuksessa opetustoimen henkilöstön kelpoisuusvaatimuksista (1998/986) ja Opetushallituksen määräyksissä (40/011/2010 ja 9/011/2011).[4] Snellman-korkeakoulun virallinen asema ei toisaalta perustu yliopistolakiin vaan se on määritelty laissa vapaasta sivistystyöstä.[5] Suomessa tämä erityinen reformipedagoginen opettajankoulutus on siten mahdollista toteuttaa yliopistojen ulkopuolella kyseisessä vapaan sivistystyön oppilaitoksessa. Koska korkeakoulunimike on vapaasti käytettävissä (toisin kuin yliopistonimike), voidaan puhua Snellman-*korkeakoulusta* ylintä steinerpedagogista opetusta antavana opettajankoulutuslaitoksena. Ylläpitämislupa antaa mahdollisuuden muunkin opetuksen kehittämiseen kyseisen pedagogisen lähestymistavan poh-

---

4   Snellman-korkeakoulun www-sivut
5   Eduskunta hyväksyi Snellman-korkeakoulun aseman Laissa vapaasta
     sivistystyöstä 18.6.2002 ja korkeakoulu sai ylläpitämisluvan 1.10.2002.

jalta.

Snellman-korkeakoulu kuuluu yleisen arviointitoiminnan piiriin. Vuosina 2001-2002 opetushallituksen ja korkeakoulujen arviointineuvoston suorittamat ulkoiset arvioinnit osoittivat, että vaikka Snellman-korkeakoulussa on kehittämishaasteita, on opetus yleisesti ottaen korkeatasoista ja erityisesti opiskelijat sekä steinerkoulut ja päiväkodit ovat olleet siihen tyytyväisiä. Myös korkeakoulussa suoritettu laaja itsearviointi kertoi opiskelijoiden tyytyväisyydestä sekä opettajakunnan motivoituneisuudesta työhönsä.

Kohta 2) määrittelee Snellman-korkeakoulun laajan sivistysperiaatteen pohjalta toimivaksi oppilaitokseksi. Korkeakoulussa puhutaan *ihmisen kokonaisvaltaisesta sivistyksestä*. Tässä se jatkaa sitä kasvatuksen ja koulutuksen tradition linjaa, jota meillä Suomessa ovat edustaneet mm. Cygnaeus, Snellman ja Hollo, Tanskassa Grundtvig.

Tälle sivistysihanteelle on ominaista antiikin "paideian" mukainen käsitys kasvatuksesta tietojen, taitojen ja eettisyyden herättäjänä. Snellman-korkeakoulussa korostetaan koulutuksen kokonaisvaltaisuuden eetoksen sisältymistä koulutustavoitteisiin. Ihmisen koko persoonallisuus kuuluu kasvatuksen piiriin. Ihmisenmukaisen kasvatuksen ja koulutuksen tulee huolehtia persoonallisuuden tasapainoisesta kehittymisestä.

Kohta 3) sisältää käsityksen, että ihmisen kehitys, inhimillinen kasvu on jotain, mikä ei lopu diplomin saamiseen oppilaitoksesta, vaan se on prosessi, joka jatkuu läpi koko elämän ja johon yksilö voi vaikuttaa omilla ponnistuksillaan. *Itsekasvatuksella* on aikuisuudessa keskeinen tehtävä. Se edellyttää yksilöltä itsensä yhä selkeämpää tiedostamista. Aikuisiän koulutukselta tämä edellyttää Snellmanin sanoin yksilön "itsetajunnan tunnustamista", vapauden suomista yksilölle määrittää oma sisäinen todellisuutensa suhteessa inhimillisen kulttuurin traditioon.

Aikuisuudessa tapahtuvassa koulutuksessa on ihmisen tasapainoisen kehityksen kannalta keskeistä tarjota eväitä sellaiselle inhimilliselle kasvulle, joka tähtää *eettisen yksilöllisyyden* kehittymiseen elämänkulussa.

Kohta 4) määrittelee Snellman-korkeakoulun oppilaitokseksi, jossa kehitetään ja sovelletaan sellaista fenomenologista lähestymistapaa, joka ottaa huomioon myös todellisuuden henkisen ulottuvuuden. Mitä on henkisyyden huomioon ottava fenomenologia? Tätä kysymystä tämä kirjoitus erityisesti tarkastelee.

Steinerpedagogiikan piirissä kyseistä fenomenologista suuntausta on usein kutsuttu "goetheanismiksi". Termi tulee paremmin runoilijana tunnetun Johann Wolfgang von Goethen nimestä. Goethe oli laajasti kiinnostunut aikansa tieteistä, taiteista ja elämänkäytännöstä ja hän kehitti tutkimuksen menetelmiä, jotka tavoittavat myös maailman kvalitatiivisia puolia. Toisin sanoen, Goethe oli kehittänyt kvalitatiivisen tutkimuksen menetelmiä, joiden lähtökohtana ovat ilmiöt – fenomeenit. Siksi näitä menetelmiä voidaan kutsua fenomenologisiksi tutkimusmenetelmiksi.

Goethe pyrki kaikessa tutkimuksessaan soveltamaan fenomenologista lähestymistapaa, joskin hieman nykyisin tuntemistamme fenomenologisista suuntauksista poikkeavalla tavalla. Goethen tapaa lähestyä luonnonilmiöitä ovat nykytutkijat kutsuneet varhaiseksi "luonnonfenomenologiaksi".[6]

Nuori Rudolf Steiner kiinnostui Goethen ajatuksista saadessaan tehtäväkseen Weimarissa julkaista Goethen luonnontieteelliset kirjoitukset. Goethen fenomenologisessa tarkastelutavassa Steiner katsoi löytäneensä metodiset perusteet sellaisen henkisen ulottuvuuden tutkimiselle ihmisessä ja luonnossa, joka akateemisissa tieteissä oli hautautunut "materiaalisen" kiinnostuksen alle. Siten Goethen fenomenologiset impulssit ovat päätyneet steinerpedagogiseen kasvatusfilosofiaan.

Steinerin esittämät hengentieteelliset käsitykset lapsen kasvusta ja ihmisen henkisestä kehityksestä ovat olleet yleensä vaikeasti avautuvia luonnontieteellisen ihmiskäsityksen pohjalta, joskin ennakkoluuloton ajattelu voi saada niihin vahvistusta lapsen ja nuoren täsmällisestä havainnoinnista. Fenomenologisen lähestymistavan kautta tarjoutuu kuitenkin mahdollisuus tarkastella kyseistä henkistä ihmiskäsitystä akateemisessa mielessä "tutummasta" näkökulmasta.

Esittelen seuraavassa lyhyesti kolme näkökulmaa tieteenfilosofiaan:

1. luonnontieteiden tieteenfilosofian näkemyksen,

2. humanististen- tai ihmistieteiden tieteenfilosofian näkemyksen,

3. sekä kolmanneksi sellaisen tieteenfilosofisen näkemyksen, joka

    selvittää Goethen luonnonfilosofian suhdetta kahteen ensim-

    mäiseen.

Kolmas tieteenfilosofinen näkökulma luonnehtii siten Snellman-korkeakoulussa kehitettävän "paradigman" erityispiirteitä. Sille on nähdäkseni ominaista siltojen rakentaminen kahden ensimmäisen välille.

---

[6]   Ks. esimerkiksi David Seamon ja Arthur Zajonc (toim): Goethe's Way of
    Science, A Phenomenology of Nature, State University of New York Press,
    1998.

Luonnontieteiden tieteenfilosofian ja hermeneuttisen (ihmistieteiden) tieteenfilosofian kuvaus ei tässä pyri olemaan kattava vaan ainoastaan niiden ominaispiirteitä luonnosteleva. Kuvaukset viittaavat lähinnä tietynlaiseen filosofiseen perusasennoitumiseen.

Kolmas, Snellman-korkeakoulun pedagogiseen taustaan liittyvä fenomenologinen näkökulma pyrkii yhdistämään kaksi ensimmäistä synteesissä, joka on aina kulkenut yhtenä juonteena länsimaisen filosofian historiassa, mutta joka aika ajoin hautautuu yksipuolisen suuntautumisen alle.

2. TIETEENFILOSOFIASTA

Tieteenfilosofialla tarkoitetaan yleensä empiiristen erityistieteiden perusteiden filosofista analyysiä. Tähän analyysiin lasketaan kuuluvaksi kolme erityyppistä tutkimusaluetta[7]:

Ontologia eli oppi olevasta

Ontologia tutkii kysymystä siitä mitä todellisuus on. Ontologia analysoi niitä kategorioita, joiden puitteissa empiirinen tutkimus yksityiskohtaisesti kuvaa olioiden luonnetta, esim. mitä "tosiasialla" tarkoitetaan jossakin tieteessä. Ontologia on siten tutkimuskohteen filosofista analyysia.

Epistemologia eli tieto-oppi

Tieto-opillisessa analyysissa kysytään, miten inhimillinen tieto syntyy; kysytään tieteellisen tiedon (tai tiedon yleensä) ehtoja, tiedon rajoja, tiedon sekä todellisuuden suhdetta, tiedon rakennetta jne. Tieto-oppi on siten tiedon alkuperän, rakenteen ja perusteiden filosofista analyysiä.

---

[7]   Jaottelu Lauri Rauhalan mukaan. Olen humanististen tieteiden hermeneuttisen tieteenfilosofian tarkastelussa käyttänyt viiteteoksina pääasiassa Rauhalan kirjoituksia, erityisesti teosta Psyykkinen häiriö ja psykoterapia filosofisen analyysin valossa (Rauhala 1974). Luonnontieteiden tieteenfilosofian esittelyssä olen käyttänyt Ilkka Niiniluodon teosta Johdatus tieteenfilosofiaan (1980).

13

Logiikka eli oppi ajattelun lainalaisuuksista

Logiikan osuutta tieteenfilosofian kokonaisuudessa ei tässä käsitellä. Hyviä yleistajuisia esityksiä formaalisen logiikan perusteisiin löytyy tieteenfilosofisista yleisteoksista.

Kaikille tässä esitettävälle kolmelle tieteenfilosofiselle näkökulmalle on yhteistä jo antiikin Kreikasta periytyvä pohdinta ihmisen, inhimillisen tiedon ja todellisuuden olemuksesta. Platonilla ja Aristoteleella kohtaamme samoja teemoja, joita tämän päivän filosofia tarkastelee keskeisimpinä kysymyksinään. Vaikka modernin tieteellisen ajattelun juuret voidaan nähdä juuri Platonin ja Aristoteleen filosofioissa, ei tieteen enää voida katsoa rakentuvan sellaiselle metafysiikalle, joita kyseiset ajattelijat edustivat.

Uuden ajan alussa syntynyt *galileinen luonnontiede* nähdään yleensä uutena kulttuuri-impulssina ihmiskunnan historiassa; omaehtoisena, riippumattomana ja omille periaatteilleen rakentuvana. Uuden luonnontieteen pyrkimys perustaa tutkimuksensa toisaalta empirialle, havaittaville tosiseikoille ja toisaalta loogis-analyyttiselle päättelylle ja matemaattiselle formalismille, nähdään yleensä irrottautumisena aristotelisen luonnonfilosofian metafysiikasta. Georg Henrik von Wright on kuitenkin kehoittanut suhtautumaan tähän käsitykseen varauksella.[8] Galileisen luonnontieteen juuret hän sijoittaa vielä varhaisempaan aikakauteen kuin sen aristotelisen fysiikan, jota uusi luonnontiede pyrki syrjäyttämään. Näillä juurilla von Wright tarkoittaa Platonin filosofiaa.

Platon voidaan nähdä varhaiskreikkalaisen idea- tai logos-opin viimeisenä edustajana. Henri Bortoft kuvaa tämän päivän fysiikkaa moderniksi, platonistiseksi metafysiikaksi.[9] Modernin luonnontieteen suhde ideaalisiin luonnonlakeihin on sama kuin Platonin suhde ikuisiin ideoihin antiikin filosofien merkityksessä. Samoin luonnontieteissä epäillään tänään aistitiedon varmuutta kuten Platon aikanaan.

Sekä Platon että Aristoteles olivat yhtä mieltä siitä, että inhimillisen tiedon objekteja ovat ideat (eidos tai muoto). Kuitenkin he ymmärsivät ideoiden ontologisen luonteen eri tavalla. Platonille ideoilla on erillinen ja itsenäinen olemassaolonsa, joka ei ollut riippuvainen aistein tavoitettavasta ilmiömaailmasta. Ilmiöt ovat näennäisiä, epätäydellisiä kopioita todellisesta ideaalisesta, eikä niillä ole omaa itsenäistä olemassa-

---

8 Georg Henrik von Wright: Explanation and Understanding, Cornell University Press, 1971, s. 2.
9 Henri Bortoft: The Wholeness of Nature – Goethe's Way of Science 1996, s. 182.

14

oloa. Todella olemassaoleva, reaalinen, liittyy Platonilla erottamattomasti ideoiden käsitteelliseen maailmaan.

Platon erottaa toisistaan tiedon (episteme) ja mielipiteen (doksa) siten, että edellinen on aina jotain ikuista ja jälkimmäinen muuttuvaa. Koska aistimaailma on jatkuvan muutoksen alainen, se ei voi olla koskaan tiedon kohteena vaan ainoastaan luulon. Todellinen tieto on aina tietoa ideoiden maailmasta, jonka ihminen saavuttaa järkensä avulla ja matematiikka, pääasiassa geometria on todellista tiedettä, joka saattaa paljastaa tuon todellisen tiedon. Tämä näkemys, jonka mukaan tiedon lähteenä tai perustana ei ole aistihavainto vaan järki, edustaa jyrkkää *rationalismia.*[10]

Aristoteles taas katsoi, että ideat ovat olemassa yksityisissä, havaittavissa olennoissa ja ainoastaan niissä. Wilenius kirjoittaa: "Aristoteleen on katsottu ilmaisseen asian selvästi, että 'idea (eidos) on yleinen yksityisissä olioissa', 'yleinen kuuluu välttämättömästi yksityisiin olioihin'. Voidaan sanoa, että idea on olioissa puoli, jonka ihminen 'näkee ajattelulla'; toinen puoli olioissa on aine (hyle), jota ajattelu ei tavoita." [11]

Tässä Aristoteles poikkeaa aikaisemmasta kreikkalaisesta Logos-opista kun hän ajattelee, että ideoilla on olemassaolo maailman aistittavien olioiden yhteydessä. Niiniluodon mukaan Aristotelesta onkin joskus kutsuttu empiristiksi – *empirismi* on rationalismia vastustava oppi, jonka mukaan kaikki tieto viime kädessä perustuu aistikokemukseen.[12]

Platonin ideaopin lisäksi Bortoft näkee modernin fysiikan omaksuneen toisen filosofisen ajattelun suunnan suoraan antiikin filosofiasta, nimittäin atomismin. Toisin kuitenkin kuin populaarikirjallisuudessa yleensä esitetään, tieteissä tänä päivänä vallitseva materialistinen maailmankäsitys ei ole Bortoftin mukaan syntynyt havaitsevan, empiirisen tieteellisen tutkimuksen tuloksena, vaan se on seurausta näiden kahden antiikista perua olevan ajattelutavan – kahden filosofisen koulukunnan – platonismin ja atomismin omaksumisesta modernin tieteellisen toiminnan perustaksi sellaisenaan – sen *metafysiikkana.*[13] Tätä kysymystä käsittelen luvussa Goetheanistisen fenomenologian tieteenfilosofia.

Valistuksen ajan luonnontieteen vastapainoksi kehittyi Euroopassa 1800–1900-luvuilla humanistinen ihmistutkimuksen suunta, joka korosti *ymmärtävän* perusasenteen merkitystä vastakohtana luonnontieteellisen *selittämisen* traditiolle. Ihmistutkimuksessa on sen mukaan otettava huomioon ihmisen tajunnallisuuden struktuurit, jotka vaativat oman,

---

10   Ilkka Niiniluoto: Johdatus tieteenfilosofiaan, 1980, s. 39.
11   Reijo Wilenius; Filosofia ja politiikka, 1975, s. 9.
12   Niiniluoto 1980, s. 39.
13   Ks. Bortoft, 1996, ss. 179-190.

ruumiillisuuden tai kehollisuuden tutkimuksesta poikkeavan lähestymistavan (mind – body –problematiikka).

Näiden kahden tieteenfilosofian valtavirran väliin asettuu Goethen hahmottelema fenomenologisen tutkimuksen muoto. Se esittää ajassamme vähemmän tunnetun näkökulman perinteisiin tieteenfilosofisiin ongelmiin.

3. LUONNONTIETEEN TIETEENFILOSOFIASTA

Akateemiset luonnontieteet pohjaavat tänä päivänä yleisesti filosofiselle ajattelulle, jota voidaan kutsua *tieteelliseksi realismiksi*. Realismia edustaa luonnontieteilijöiden tapa ajatella, että tutkimuksen kohteena on reaalinen, olemassaoleva fysikaalinen todellisuus.

Uuden ajan alusta lähtien realismia on luonnontieteissä ylläpitänyt pyrkimys pohjata kaikki tutkimus "havaittaville tosiasioille" (empirismi), jolloin kokeiden tekemisellä on keskeinen sija. Toinen piirre luonnontieteellistä ajattelua on sen liittyminen analyyttiseen filosofiaan. Analyyttisen filosofian keskeisinä piirteinä ovat olleet luottamus formaaliseen logiikkaan ja kielen analyysiin.

Metodisesti luonnontieteiden käytäntöön kuuluvat *kvantitatiiviset tutkimusmenetelmät*. Mittaaminen, metrittäminen on olennainen osa kaikkea luonnontutkimusta. Kvantitatiiviset menetelmät ovat mahdollistaneet matemaattisen formalismin, eksaktin esitystavan ja tämä taas on ollut luonnontieteellisen tutkimuksen menestyksellisyyden taustavoima. Teorian- ja käsitteenmuodostuksessa käytetään hypoteettis-deduktiivista menetelmää.

3.1 Tieteellisen realismin suhde ideoihin, teoriat ja luonnonlait

Luonnontieteen tieteenfilosofiassa eräs ongelmallisimpia kohtia on suhde ideaaliseen, lainomaiseen. Toisaalta luonnonlakeihin ja tieteellisiin teorioihin suhtaudutaan naiivilla tavalla eikä niiden reaalisuutta pidetä mitenkään ongelmallisena. "Tieteelliseen realismiin sisältyy käsitys, jonka mukaan maailma on lainomainen, ts. on olemassa objektiivisia, todellisia lakeja, joiden löytäminen on tieteen perimmäinen tehtävä".[14] Tämä

---

[14] Niiniluoto, 1980, s. 238

16

edustaa luultavasti useimpien käytännön tutkimusta tekevien luonnon-
tieteilijöiden käsitystä.

Niiniluoto toteaa toisaalta, että tällaisen käsityksen vastakohtana mai-
nitaan usein kantilainen näkemys, jossa maailmassa olevaa säännön-
mukaisuutta pidetään alkuperältään inhimillisenä: tiedemiehet keksivät
lakeja, he eivät löydä niitä. Vaikka Niiniluodon mukaan näiden näkö-
kantojen välistä ristiriitaa pidetään yleensä voittamattomana, hän katsoo
kuitenkin ratkaisun löytyvän kun tehdään ero lainomaisten väitteiden
sekä niiden ilmaisemien säännönmukaisuuksien välillä.

"Edelliset ovat inhimillisiä luomuksia, keksintöjä, jotka voivat
enemmän tai vähemmän tarkasti vastata todellisuuteen kuu-
luvia, ihmisestä riippumattomia säännönmukaisuuksia. Kanti-
laiset ovat oikeassa siinä, että lait ovat keinotekoisia konstruk-
tioita; realistit ovat oikeassa siinä, että nämä lait voivat ilmaista
jotain objektiivista, maailmassa vallitsevaa säännönmukaisuut-
ta. Vaikka emme ehkä voikaan koskaan olla lopullisen varmoja
minkään ehdotetun lain totuudesta, silti voidaan ajatella, että
ainakin vähitellen tieteessä saavutetut lait paranevat ja lähes-
tyvät todellisia säännönmukaisuuksia", "Tiiviisti sanottuna: kek-
simällä lakeja tiedemiehet pyrkivät löytämään maailmaa kos-
kevia säännönmukaisuuksia".[15]

Maailman todellisuuden ja ihmisen tajunnassa syntyvän ideaalisen repre-
sentaation välillä vallitsee siten eräänlainen "isomorfisuuden", saman-
muotoisuuden periaate.

3.2 Tietoteoria tieteellisen realismin näkökulmasta

Tieteenfilosofisissa tarkasteluissa on tiedostamisprosessissa totuttu erot-
tamaan toisistaan tiedon subjekti, tiedon kohde ja tiedon sisältö:

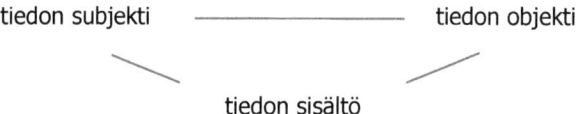

tiedon subjekti ─────────────── tiedon objekti

tiedon sisältö

Tieto ja objekti, josta tieto on, ovat tämän mukaan kaksi eri asiaa. Tämä
näkemys on *dualistinen*, kaksinainen, koska siinä todellisuus jaetaan
kahteen erilliseen alueeseen. Kyse on jaosta henkiseen ja aineelliseen.
Nykyään puhuhutaan "mind – body" –problematiikasta. On erotettava

---

15   Niiniluoto 1980, s. 238

toisistaan ulkomaailman reaaliset, fysikaaliset objektit ja toisaalta ihmisen tajunnassa muodostuva tieto näistä objekteista. Tajunnassa syntyy ulkoisen todellisuuden mielellinen tai ideaalinen vastine, mielikuva tai käsite, joka ainoastaan vastaa reaalista oliota, mutta ei ole se itse. Dualistisen käsityksen mukaisesti tieteellinen realisti voi siten sanoa, että luonnonlait ovat kylläkin ihmismielen tuotteita, mutta, että ne *vastaavat* ulkomaailman reaalisia säännönmukaisuuksia.

Totuusteorian näkökulmasta on kyse totuuden *korrespondenssiteoriasta,* siitä, että tieteellinen totuus vastaa todellisuutta. Niiniluodon mukaan tietoteoreettiset näkemykset jaetaan yleensä empiristisiin ja rationalistisiin sen mukaan, mitä tiedon hankinnan lähdettä niissä korostetaan.[16]

Empiristit olettavat, että tietoa saavutetaan tiedon kohteeseen suuntautuvan aistihavainnon kautta – ts. aistihavaintoon perustuva kokemus on tiedon lähde ja tiedon kriteeri. Rationalistit puolestaan väittävät, että ihmisen järjen, ymmärryksen tai intellektuaalisen intuition avulla voidaan saavuttaa todellisuutta koskevaa tietoa. Tieteellisen realismin edustajat ovat pyrkineet tasapainoilemaan empirismin ja rationalismin välimaastossa. Niiniluoto siteeraa Francis Baconia:

"Tiede täytyy perustaa 'ihmisen empiirisen ja rationaalisen kyvyn toteen ja lailliseen avioliittoon'. Tieteenharjoittajat ovat olleet joko kokeiden tai dogmien miehiä. Kokeiden miehet ovat kuin muurahaisia, jotka vain kokoavat ja käyttävät (löytämäänsä), järkeilijät muistuttavat hämähäkkejä, jotka kutovat verkkoja omasta aineestaan. Mutta mehiläinen valitsee keskitien: se kerää materiaalinsa puutarhojen ja niittyjen kukista, mutta muuntaa ja muokkaa sitä oman kykynsä avulla." [...] "se ei nojaudu yksinomaan tai pääasiassa ihmismielen kykyihin, eikä aseta muistiin sellaisenaan kaikkea sitä aineistoa, mitä se kokoaa luonnonhistoriasta ja mekaanisista kokeista, vaan se asettaa sen ihmisen ymmärrykseen muutettuna ja muokattuna".[17]

---

[16]   Niiniluoto 1980, s. 139-140.
[17]   Ibid, s. 140.

18

3.3 Tieteellisen realismin suhde aistihavaintoihin - primaariset ja sekundaariset aistimuskvaliteetit

Uuden ajan alun murrosvaiheessa esiintyy joukko merkittäviä tutkijoita, joiden katsotaan laittaneen liikkeelle käsityksen primaaristen ja sekundaaristen aistimuskvalitteettien välisestä erosta. Tämän erottelun seurauksena osa aistikokemuksista määräytyy objektiiviseksi (kvantitatiiviseksi) ja toinen osa subjektiiviseksi, epäluotettavaksi, näennäiseksi (kvalitatiiviseksi).

Galileo Galilein mukaan aineellista kappaletta ei voi ajatella ilman, että on väistämättä kuviteltava se johonkin muotoon, suureksi tai pieneksi suhteessa muihin kappaleisiin, johonkin paikkaan jonakin aikana, olevan liikkeessä tai levossa, koskettaen tai ei koskettaen jotakin toista kappaletta, ollen lukumäärältään yksi tai muutama tai usea. Nämä ominaisuudet hänen on kuviteltava jokaiselle aineelliselle kappaleelle. Että sen olisi oltava valkoinen tai punainen, karvas tai makea, hiljainen tai äänekäs, hyvän tai pahan tuoksuinen, niitä ei hänen mielestään voi liittää kappaleen ominaisuuksiin välttämättömyytenä.[18]

Tämän kaltaisin perusteluin syntyi käsitys primaarisista ja sekundaarisista aistimuskvaliteeteista. Edelliset liittyvät *kappaleiden* kvantitatiivisiin ominaisuuksiin, jälkimmäiset kvalitatiivisiin ominaisuuksiin. Primaariset aistimuskvaliteetit sisältyvät tämän ajattelutavan mukaan välittömästi reaaliseen, todella olemassaolevaan aineen maailmaan. Sekundaariset aistimuskvaliteetit taas ovat oman organisaatiomme subjektiivisia "reaktioita" todellisen aineen maailman aiheuttamiin ärsykkeisiin ja siten "näennäisiä" tai "ei-todellisia". Ajatellaan, ettei esimerkiksi punaisen värin aistimus ilmaise mitään todellista. Se vain kertoo meille, että ulkomaailmassa on jotain, joka aiheuttaa meissä punaisen aistimuksen. Tieteen tehtäväksi jää selvittää sen todellisen maailman luonne, joka saa meissä aikaan näitä näennäisilmiöitä. Punaisen aistimuksen kohdalla tämä todellisuus osoittautuu ei-havaittavaksi sähkömagneettiseksi aaltoliikkeeksi. Ajatellen pelkästään fysikaalisen tietomme kannalta, todellisuus ympärillämme on väritön, äänetön, mauton ja hajuton.

Niiniluodon mukaan matemaattisen luonnontieteen varhaisille kehittäjille (kuten Galilei, Descartes), jotka kannattivat platonistista matemaattista realismia, kvantiteetit olivat enemmän kuin sopimuksenvarainen todellisuuden kuvailumenetelmä. Heille kvantiteetit olivat olioissa todella olevia "primäärisiä" ominaisuuksia, joihin havaittavat "sekundaariset" kvaliteetit tuli tieteissä redusoida. Tämän näkemyksen mukaan

---

18   Drake, Stillman: Discoveries and Opinions of Galileo, 1957, s. 274.

matematiikkaa voidaan soveltaa todellisuuteen, koska todellisuus on matemaattinen. Tieteen oikea menetelmä on kvantitatiivinen, koska sen tutkimuskohde on ytimeltään kvantitatiivinen.[19]

Ns. "maltillinen realisti" saattaa Niiniluodon mukaan ottaa platonistisesta realismista poikkeavan kannan.

Kvantitatiivisen menetelmän sovellettavuuden edellytyksenä ei tarvitse olla käsitys todellisuuden matemaattisesta luonteesta, vaan koska tieteellinen tieto on "vain" joukko väittämiä todellisuudesta, riittää kun huolehditaan väittämien kielellisestä tai loogisesta mielekkyydestä analyyttisen filosofian tarkoittamassa mielessä. Kvantiteetteja ja kvaliteetteja koskeva ero ei ole Niiniluodon mukaan niinkään todellisuutta vaan pikemminkin kuvaustapoja koskeva ero.[20] Tieteellinen kieli *viittaa* siten todellisuuden eri piirteisiin.[21]

Kvantitatiivisen menetelmän sovellettavuuden ja soveltamisen hedelmällisyyden välillä on tehtävä Niiniluodon mukaan kuitenkin ero. Perusteltua se on erityisesti siksi, että se *mahdollistaa matematiikan käytön empiiristen tieteiden yhteydessä ja siten eksaktin kuvaustavan.*

"Silloin kun kvantitatiivinen menetelmä on sovellettavissa jollakin alalla, se usein palvelee tieteen päämääriä paremmin kuin puhtaasti kvalitatiiviset lähestymistavat. Kvantitatiivisen menetelmän käyttöönotto on tavallisesti merkinnyt selvää edistysaskelta tieteen kehityksessä. Toisaalta olisi kuitenkin liioiteltua pitää tätä menetelmää ainoana tieteelle sopivana tutkimustapana tai edes 'tieteellisempänä' kuin muita lähestymistapoja".[22]

Galilein kuuluisa ajatus, jonka mukaan "maailmankaikkeuden kirja on kirjoitettu matemaattisin kirjaimin", voidaan Niiniluodon mukaan siten korvata periaatteella: "maailmankaikkeuden kirjaa *kannattaa* lukea matemaattisin kirjaimin silloin, kun se on mahdollista ja kun se osoittautuu tutkimuksen päämäärien kannalta hedelmälliseksi".[23]

---

19 Niiniluoto 1980, s 188-189

20 Niiniluoto, 1980, s. 189

21 Mikäli kvantitatiivisen menetelmän sovellettavuus ei ole riippuvainen käsityksestä todellisuuden matemaattisesta luonteesta (koska tiedossa on kyse vain joukosta väittämiä), ei "kvalitatiivisen menetelmän" sovellettavuuskaan olisi riippuvainen käsityksestä todellisuuden lluonteesta koska sitäkin koskeva tieto olisi vain joukko väittämiä. Olisi perimmältään yhdentekevää onko tutkimus kvantitatiivista vai kvalitatiivista. Tässä käy kuitenkin ilmi, että tieteellinen realisti (myös maltillinen) suhtautuu eri tavalla kvantiteetteihin kuin kvaliteetteihin ja ero liittyy juuri käsitykseen näiden ontologisten olemismuotojen *reaalisuudesta.*

22 Niiniluoto 1980, s. 190-191

23 Ibid, s. 191.

3.4 Hypoteettis-deduktiivinen menetelmä

Vaikka luonnontieteelliseltä tiedolta vaaditaan yleensä "empiiristä näyttöä", "kokemuksellisuutta", "tosiasioihin eli faktoihin pohjautuvuutta", ei aistihavaintoihin perustuminen ole kuitenkaan tieteellisen tiedon välttämätön ehto.

Uuden ajan alun luonnontiede oli vielä periaatteessa sitoutunut empiriaan; tieteellisen tutkimuksen perustamiselle aistitodellisuuden varaan. Vielä Sir Isaac Newton suhtautui tieteellisiin hypoteeseihin varauksella. Kun hänen valo-opillisia tutkimuksiaan pidettiin "pelkkinä hypoteeseina", vastasi Newton kuuluisalla lausahduksellansa: "Hypotheses non fingo", "en tee hypoteeseja". Suhtautuminen hypoteesien tekemiseen kuitenkin muuttui tultaessa 1600-luvulle.

Niiniluoto kirjoittaa, että ensimmäisenä hypoteettista menetelmää käyttivät systemaattisella tavalla renessanssin ajan realistisesti suuntautuneet tähtitieteilijät (Kopernikus, Clavius ja Tycho Brahe 1500-luvulla, Kepler, Galilei ja Descartes 1600-luvulla). Robert Boyle, johon Bacon ja Descartes olivat tehneet suuren vaikutuksen, antoi selkeän määrittelyn hypoteettiselle menetelmälle 1600-luvulla. Myös Leibniz puolusti tätä menetelmää. [24]

Niiniluodon mukaan 1600-luvun lopulla olivat luonnontieteet kehittyneet sellaiseen suuntaan, jossa aistihavaintojen alueen ylittävien hypoteesien käyttö näytti välttämättömältä. "Hypoteettis-deduktiivinen menetelmä, eri modifikaatioineen kehitettiin lopullisesti 1800-luvulla, ja 1900-luvulla sitä voidaan pitää eräänlaisena tieteellisen päätöksenteon standardimallina."[25]

Niiniluoto esittää kolme teesiä, jotka kuvaavat tieteellisen päätöksenteon rakennetta hypoteettis-deduktiivisen menetelmän mukaan:[26]

1 Tiede etenee siten, että tunnettujen tosiseikkojen kuvailemiseksi ja selittämiseksi keksitään hypoteeseja. Keksiminen tapahtuu "vapaasti" luovan mielikuvituksen avulla; tälle psykologiselle prosessille ei ole olemassa loogista rekonstruktiota.

2 Hypoteesit testataan dedusoimalla niistä havaintoväittämiä. Nega-

---

24 Niiniluoto 1983, s. 128.
25 Ibid, s. 128-129.
26 Ibid, s. 128.

21

tiiviset testitulokset falsifioivat hypoteesin, kun taas positiiviset konfirmoivat sitä.

3 Induktio ei liity hypoteesien keksimiseen, vaan yksinomaan niiden perustelemiseen. Tieteellinen metodi on induktiivinen siinä mielessä, että hypoteeseja voidaan konfirmoida tai hyväksyä ainoastaan induktiivisen testievidenssin avulla.

Fysikaalisen maailman tutkimuksessa oli 1900-luvun alussa tultu tilanteeseen, jossa empirian, aistikokemuksen osuus tieteellisen tiedon muodostumisessa oli määriteltävä aivan uudella tavalla. Kvanttifysiikan tulokset mikromaailman ilmiöistä olivat siksi vakuuttavia, että Werner Heisenberg saattoi esittää käsityksen, että mikromaailman todellisuutta ei voitu enää tavoittaa aistikokemuksen avulla, mutta lisäksi, että sitä ei voitu enää edes visualisoida klassisen fysiikan käyttämien fysikaalisten käsitteiden avulla. Ainoa keino, jolla kyseisiä ilmiöitä saatettiin hallita, oli matematiikka. Näin uusi fysiikka oli hylännyt aistikokemuksen todellisuuden perimmäisenä kriteerinä ja valinnut puhtaasti ideaalisen – platonistisen mallin mukaisesti matematiikan, tutkimuksen perustaksi.

Niiniluodon mukaan tieteellisessä realismissa teoriat ovat yrityksiä saavuttaa todellisuutta koskevaa tietoa, ja sellaisina ne ovat tosia tai epätosia väitteitä.

"Jos teoria on tosi, niin sen postuloimat teoreettiset entiteetit (oliot tai ominaisuudet, joihin teoreettiset termit viittaavat) ovat olemassa – riippumatta siitä, ovatko ne aistein havaittavissa vai ei. Jos teoria on kokemuksen vahvasti tukema, tai läpäissyt ankarat testit, niin on järkevää olettaa sen postuloimien entiteettien kuuluvan objektiiviseen todellisuuteen".[27]

Toisin sanoen myös sellaiset aistein ei-välittömästi havaittavat entiteetit kuten "atomit" tai "ydinhiukkaset" ovat nykykäsityksen mukaan reaalisesti olemassaolevia, koska niitä koskevat teoriat ovat kokeellisesti osoittautuneet paikkansapitäviksi. Luonnontieteilijä katsoo aistihavaintojen voivan tukea tieteellisen tiedon paikkansapitävyyttä, mutta teoreettisen ajattelun katsotaan pääsevän "pintaa syvemmälle". Aistihavaintomme saattavat olla harhaanjohtavia ja teoreettisen ajattelun tulee tuolloin osoittaa asiain oikea tila. Luonnontieteissä vallitsee siten, vastoin yleistä populaarista käsitystä, tietty epäluottamus välittömiä aistihavaintoja kohtaan.

Näin hypoteettis-deduktiivisen tieteellisen päätöksenteon menetelmän voidaan nähdä syntyvän 1600-luvun platonistis-matemaattisen luonnontieteellisen ajattelun hedelmänä.

---
[27] Niiniluoto 1980, s. 229-230.

3.5 Looginen postitivismi ja analyyttinen tieteenfilosofia

Vuonna 1929 syntyneessä ns. Wienin piirissä vaikuttaneita filosofeja ja tiedemiehiä yhdisti empiristinen näkemys tieteestä, ajatus kaikkien tieteiden ykseydestä, perinteellisen filosofisen metafysiikan hylkääminen, filosofian tehtävän rajaaminen tieteen kielen kritiikiksi sekä usko moderniin logiikkaan filosofisen analyysin keskeisenä apuvälineenä. Wienin piirillä oli oma ohjelma "Tieteellisestä maailmakuvasta" ja sen filosofiaa kutsuttiin nimellä "looginen positivismi" tai "looginen empirismi". Loogisesta positivismista luovuttiin 1930-luvulla.[28]

Looginen empirismi sekä Bertrand Russelin empiristinen filosofia ovat kuitenkin antaneet Niiniluodon mukaan vaikutteita analyyttisen filosofian kehittymiselle, joka taas on tämän päivän "valtavirtaus". Filosofisen analyysin tehtävänä on poistaa tieteessä esiintyviä epäselviä käsitteitä ja hämäriä ajatuksia. Analyyttisessä filosofiassa tämän katsotaan olevan ennen muuta logiikan tehtävä.

Samoin kuin loogisessa empirismissä, myös analyyttisessä filosofiassa on edelleen vallalla käsitys, että sama tieteellinen menetelmä on sovellettavissa kaikilla empiirisen tieteen aloilla. Samaa tieteellisen selittämisen periaatetta voidaan käyttää niin luonnontieteissä kuin humanistisissa tieteissä. Näkemystä kutsutaan monistiseksi, dualismin tai pluralismin vastakohtana.

Erityisesti fysiikassa on 1900-luvun alusta lähtien ollut vallalla voimakas pyrkimys monistisen, kaiken kattavan yhtenäisteorian rakentamiseen. Mikromaailman ilmiöihin soveltuvan kvanttimekaniikan ja makromaailman ilmiöitä selittävän suhteellisuusteorian "ylle" ei olla vielä onnistuttu löytämään molempia ilmiömaailmoja selittävää yhtenäistä teoriaa. Monismi elää tieteellisessä ajattelussa tosin eri asteisena. Aina ei ole kyse niinkään yhden yhtenäisteorian löytämisestä kuin yhdestä yhtenäisestä ("oikeasta") tieteen tekemisen periaatteesta. Johdonmukaisesti loppuun vietynä tämä ajattelu päätyy esimerkiksi toteamaan, että "kaikki on perimmältään fysiikkaa", myös ihmisen tajunta! Suomessa tämän kaltaista ajatussuuntaa on edustanut fyysikko Kari Enqvist.

Huomaamme, että monistinen pyrkimys yhteen, kaiken kattavaan tieteelliseen lähestymistapaan saattaa sisältää dualistisen näkemyksen tiedon ja todellisuuden suhteesta. Tarja Kallio-Tamminen toteaa:

---

28   Niiniluoto, 1980, s. 51.

23

"Dualistinen tarkastelutapa tuli niin itsestään selväksi, että sitä ei enää ajateltu metafysiikkana. Ennen kvanttiteoriaa luonnontieteilijällä ei ollut mitään pakottavaa tarvetta epäillä, etteikö loogisen päättelyn ja empiirisen kokemuksen pohjalta olisi voitu tuottaa täysin varmaa ja yleispätevää objektiivista tietoa." [29]

"Mekanistinen" tai "fysikalistinen" tieteenfilosofinen suuntaus sai 1900-luvulla osakseen kasvavaa kritiikkiä niiden taholta, jotka katsoivat, että ihmistutkimukseen sovellettuna se johtaa ihmiskäsityksen kaventumiseen ja on syynä sille uudelle vieraantumisen ilmiölle, jota humanistisesti suuntautuneet psykologit ja sosiologit nostivat esille yksilökehityksen ja yhteiskunnallisen kehityksen tutkimuksissaan.

4 IHMISTIETEIDEN HERMENEUTTINEN TIETEEN-FILOSOFIA JA FILOSOFINEN ANTROPOLOGIA

Humanistinen näkökulma tieteenfilosofisiin ongelmiin syntyi historiallisesti vastaliikkeenä valistuksen ajan yksipuoliselle luonnontieteellismaterialistiselle käsitykselle todellisuudesta. Ihmisen todellisuuden katsottiin sisältävän piirteitä, joita vallitseva luonnontieteellinen lähestymistapa ei kykene tavoittamaan. Näitä ovat mm. ihmisen elollisuus, tajunnallisuus ja henkisyys, jotka materialistinen käsitys redusoi pelkäksi aineelliseksi tapahtumiseksi.

Puhe henkisestä koetaan luonnontieteilijöiden taholla tänä päivänä epätieteelliseksi. Reduktionistinen ajattelutapa on käynyt ajassamme siinä määrin itsestäänselvyydeksi, että vaihtoehtoja ei juurikaan pohdita. Husserlin, Heideggerin ja modernien fenomenologien ja hermeneutikkojen tieteenfilosofia on kasvanut paljolti tällaisen luonnontieteellisen ajattelun kritiikkinä. Tajunnallisuus, ja henkisyys ihmisen tajunnallisuuden erityispiirteenä, ovat fenomenologisessa ajattelussa tieteellisen tutkimuksen kannalta aitoja todellisuuden alueita siinä missä atomit ja kvarkitkin. Suomessa humanististen tieteiden tieteenfilosofiaa on perusteellisesti tarkastellut teoksissaan Lauri Rauhala.

---

[29] Kallio-Tamminen: Todellisuus ja moderni fysiikka, artikkeli Tieteessätapahtuu lehdessä, no: 8/2000.

24

4.1 Filosofisen analyysin tarpeellisuudesta

Rauhala on kirjoituksissaan osoittanut, että empiirinen tutkija aina olettaa tutkittavan kohteen *jonkinlaiseksi* ennen varsinaista tutkimustaan. Näiden olettamusten mukaisesti hän valitsee tutkimushypoteesinsa ja tutkimusmetodinsa. Vaikka tutkija ei tietoisesti tekisikään tätä analyysia, sisältävät hänen valitsemansa hypoteesit ja metodit kannanoton siitä minkälaiseksi tutkittava objekti on hänen tutkimuksessaan edellytetty. Tätä kannanottoa tutkimuskohteen perusluonteesta Rauhala kutsuu ontologiseksi valinnaksi tai -ratkaisuksi. Tällä taas on välitön vaikutus siihen minkälaisia tuloksia tutkija saa tutkimuksestaan.

Mikäli tutkija ei ole tietoinen ennakko-oletustensa vaikutuksista tutkimustuloksissaan, voidaan epäillä tutkimuksen objektiivisuutta. Tulemalla tietoiseksi niistä tavoista, joilla ennakko-olettamukset ohjaavat tutkimusta, voidaan paremmin orientoitua näkemään missä määrin tai millä ehdoilla tutkimustulokset ovat päteviä.

4.2 Ontologia ja tieto-oppi hermeneuttisessa tieteenfilosofiassa

Ontologia nähdään tutkimuskohteen filosofisena analyysina. Hermeneuttisen tieteenfilosofian esittämä kritiikki kohdistuu ensi sijassa yksipuolisen luonnontieteellisen ihmistutkimuksen lähestymistapaan – ihmisen mekanistiseen selittämiseen. Rauhala toteaa, että monista viimeaikaisista tieteenfilosofisista esityksistä ontologia on pudonnut kokonaan pois tai että ainakaan sen tarpeellisuutta ei tähdennetä. Näin on erityisesti analyyttisen filosofian ja tieteelliseksi realismiksi kutsutun ajatussuunnan kohdalla. [30] Kritiikkiä saa myös luonnontieteissä hellitty ajatus yhdestä yhtenäisestä tieteellisestä menetelmästä kaikille erilaisille tutkimuskohteille.

Ihmistutkimuksen yhteydessä kehittyneet fenomenologia ja eksistenssifilosofia (tai ne yhdessä, eksistentiaalisena fenomenologiana) edustavat ennen kaikkea ihmisen filosofiaa tai filosofiaa ihmisestä. Selittämisen sijasta sille on ollut keskeistä ihmisen todellisuuden ymmärtäminen.

Vaikka yllä mainittu luonnontieteisiin kohdistuva kritiikki on lähtöisin tarpeesta perustella tutkimuskohteen laadullisia ulottuvuuksia ihmisen kohdalla, on selvää, että sama kritiikki voidaan ulottaa koskemaan

---

30   Rauhala, 1990, s. 29

25

muitakin todellisuuden alueita - myös luontoa ja sen kvaliteetteja. Kysymys on perimmältään siitä onko todellisuudessa erilaisia laatuja ja mitä menetelmiä aineellisesta poikkeavien laatujen tutkiminen edellyttää. Onko *kvalitatiivinen tiede* mahdollinen? Kuten Rauhala toteaa, molempia tutkimustraditioita tarvitaan – selittävää ja ymmärtävää. [31] Ongelmana on ollut, että toinen näistä (luonnontiede) on katsonut olevansa sellaisenaan riittävä.

Tieto-opillisessa analyysissa kysytään tiedon mahdollisuuden ehtoja ja rajoja, tiedon ja todellisuuden suhdetta, kuvaus- ja selitysjärjestelmän vaikutusta tietoon, tiedon rakennetta, validiteettia yms perustavaa.[32]

Empiiristen tieteiden omat menetelmät eivät Rauhalan mukaan voi antaa vastausta kysymykseen yllämainittujen ehtojen luonteesta vaan se on filosofisen analyysin tehtävä. Tieto-oppi on siten tietoa hankkivan tutkimuksen filosofista analyysiä (tai filosofista analyysia siitä miten tieteellinen tieto syntyy).

Rauhala pyrkii osoittamaan miten tieteellisen tutkimuksen kokonaisuus muodostuu toisaalta empiirisestä tutkimuksesta ja toisaalta tämän tutkimuksen tieteenfilosofisesta analyysistä. Empiiriset tieteet sisältävät perusteissaan ja menetelmissään niin paljon tutkimustuloksiin vaikuttavia edellyttämiä, ennakkokäsityksiä, jopa ennakkoluuloja, että ilman näiden perusteiden ontologista ja tieto-opillista selkiinnyttämistä ei empiiristä tutkimusta voida pitää tutkimuksen kohteen tai tutkivan systeemin kannalta adekvaattina.

Tieteenfilosofia ontologisten ja tieto-opillisten probleemien tarkasteluna on Rauhalan mukaan juuri empiiristen tieteiden perusteiden filosofista analyysia. Hermeneuttisessa tieteenfilosofiassa katsotaan, että kullakin empiirisellä tieteellä tulisi olla oma tieteenfilosofiansa. Tässä se poikkeaa luonnontieteilijöiden monistisesta pyrkimyksestä löytää "kaiken kattava" yhtenäisteoria, joka selittäisi kaikki mahdolliset todellisuuden ilmiöt.

Hermeneuttisen näkemyksen mukaan erilaiset tutkimuskohteet edellyttävät aina uutta ontologista tarkastelua ja sen kysymyksen uudelleen esittämistä, jonka vastauksena selviää miten juuri tällaista objektia tulisi tutkia, jotta sen perusluonteen mukaiset piirteet tulisivat selvitettyä. Toisaalta on aina uudelleen tiedostettava miten tietoa muodostavan systeemin, empiirisen tutkijan mielellis-orgaaninen rakenne vaikuttaa tulosten muodostumiseen. Erityistieteiden ongelmat ovat niin erilaisia, että tutkimuksen yhteisistä periaatteista huolimatta tarvitaan kussakin erityistieteessä omaleimaista analyysia.

---

[31] Rauhala, 1974, ss. 25-26.
[32] Ibid, s. 19

26

4.3 Ihmistutkimuksen metodeista

Ihmisen tutkimus on nähty kaksijakoisena: toisaalta luonnontieteellisesti selittävänä ja toisaalta humanistisessa merkityksessä ymmärtävänä. Luonnontieteiden tieteenfilosofiaa kutsutaan usein positivistiseksi tieteenfilosofiaksi. Ymmärtävälle tutkimustraditiolle on kehittynyt tieteenfilosofia, jota kutsutaan hermeneuttiseksi tieteenfilosofiaksi.[33]

Selittävä tutkimustraditio	Positivistinen
(luonnontutkimus)	tieteenfilosofia
Ymmärtävä	Hermeneuttinen
tutkimustraditio	tieteenfilosofia
(ihmistutkimus)	

Ihmisen kokonaisuuden tutkimuksessa kummatkin päälinjat ovat tarpeen. Metodisesti hermeneuttinen tieteenfilosofia jakautuu Rauhalan mukaan kahteen osaan:

fenomenologiseen analyysiin

eksistentiaaliseen analyysiin

Fenomenologinen analyysi tutkii *tajunnan struktuuria* (intentionaalisuus). Eksistentiaalinen analyysi tutkii niitä ihmisenä olemisen ehtoja, jotka täytyy edellyttää, jotta tajunnalla olisi olemassaolo. Yhdessä näitä analyysejä kutsutaan *eksistentiaaliseksi fenomenologiaksi.*[34]

4.4 Ihmisen kokonaisuus

Ihmistutkimuksessa pyritään selvittämään, mistä ihmisessä on kysymys. Miten ihminen on kokonaisuus? Miten kokonaisuus jäsentyy ja organisoituu?

---

[33] Rauhala 1974, s. 25.
[34] Ibid, s. 27.

Perinteinen näkemys ihmisestä on, että hän todellistuu aineellisena, elollisena ja tajunnallisena olentona. Tämän kaltainen analyysi on luonteeltaan ihmisen ontologiaa, joka sisältyy filosofiseen antropologiaan.

Vastauksena kysymykseen, mitä ihminen on, filosofinen antropologia esittää tietyn *ihmiskäsityksen*. Rauhala erottaa toisistaan käsitteellisesti ihmiskäsityksen ja empiiristen ihmistieteitten ihmisestä antaman kuvan - *ihmiskuvan.* [35]

Ihmiskäsitys on se, minkä empiiriset ihmistieteet joutuvat edellyttämään voidakseen aloittaa tutkimuksensa. Empiiriset tieteet taas tuottavat erilaisia ikmiskuvia, jotka voivat olla tulevan ihmistä koskevan ontologisen, filosofisen analyysin rakennusaineena.

4.5 Filosofisen antropologian näkemys ihmisestä

Vaikka Rauhalan perustelemassa ihmistutkimuksessa on dualistinen perussävy, on filosofisessa antropologiassa yleensä vastustettu perinteistä todellisuuden karteesiolaista jakoa aineen ja hengen substansseihin ja niiden toisistaan riippumattomiin olemassaoloihin ihmisessä. Pikemminkin on pyritty kuromaan umpeen sitä kuilua, joka on vallinnut materialistisen ja spiritualistisen ihmiskäsityksen välillä.

Kun perinteisissä dualistisissa näkemyksissä on henki tai sielu ajateltu aidoksi ihmisolemukseksi ja luonto ihmisessä joksikin langenneeksi, alhaiseksi, nähdään filosofisessa antropologiassa tänä päivänä molemmat puolet, henki ja luonto, aidoiksi ihmisen laaduiksi.[36]

Voidaan kuitenkin sanoa, että sekä dualistisissa että ei-dualistisissa ihmistutkimuksen lähestymistavoissa on ollut pyrkimyksenä tavoittaa ihminen kokonaisuutena. Tämän mukaan ajatellaan, että ihminen on ensisijaisesti todellistunut ainakin materiana, orgaanisena tapahtumisena ja tajunnallisuutena.

---

[35]   Rauhala 1974, s. 30.
[36]   Ks. esim. Timo Laine, 1989, luku: Filosofinen antropologia – historiallisia erityispiirteitä.

28

4.6 Ihmisen olemassaolon perusmuodot, -struktuurit

Steinerpedagogisessa ihmiskäsityksessä kohdataan usein luonnehdinta, jossa ihminen nähdään todellistuvan laadullisesti toisistaan poikkeavissa struktuureissa tai olemuspuolissa. Tämä ihmisen olemassaolon perusmuotoja tai olemuspuolia kuvaava luonnehdinta on keskeinen myös monille filosofisen antropologian suuntauksille. Siinä ihminen nähdään todellistuvan laadullisuuksina, joita ilman hän ei kokonaisuutena ole ajateltavissa. Ne kaikki kuuluvat ihmisen olemassaolon tapoihin ja samalla ne kuvaavat eri olemistapojen suhdetta muuhun olemassaolevaan maailmaan. Tämä luonnehdinta voi olla perusteena sille, miten näitä eri alueita voidaan tutkimuksellisesti lähestyä ilman reduktionistista pyrkimystä.

Ihmisen olemassaolon laadullisesti toisistaan eroavina perusmuotoina voidaan nähdä ainakin seuraavat: [37]

1. Aineellinen

2. Elollinen

3. Intentionaalinen (tajunnallinen, henkinen)

4. Situationaalinen eli elämäntilanne

Ihmiselle on yhteistä mineraaliselle maailmalle hänen maan aineista koostunut kehonsa. Samat alkuaineet, joita tapaamme luonnossa, löydämme ihmisen aineellisuudesta. Samat fysiikan lait, jotka vaikuttavat ulkoisessa luonnossa, vaikuttavat hänen fyysisessä ruumiillisuudessaan.

Ihmiselle on yhteistä elolliselle maailmalle hänen orgaaninen elämänsä. Samat elämänprosessit, joita tapaamme kasvi- ja eläinkunnassa tapaamme myös ihmisessä (kasvu, lisääntyminen, ravitsemus jne). Tapahtumina nämä ovat jotain muuta kuin pelkkä elottomassa aineellisuudessa esiintyvä mekaaninen vuorovaikutus.

Ihminen on myös *tajunnallinen olento*. Tässä on yhteistä korkeamman eläinkunnan kanssa mahdollisuus kokea sisäinen elämysmaailma – aistiminen elämyksellisyytenä, mielihyvän ja mielipahan tunteet, ruumiillisuudesta nousevat tarpeet nälän ja janon kokemuksina, viettielämänä jne.

---

[37] Luettelo Rauhalan, 1974, s. 33. Ks. myös Rauhala: Humanistinen psykologia, 1990, s. 35. Vastaavanlainen esitys löytyy Wileniukselta 1999, s. 10-13, sekä Ahlmanilta 1953, luvut II ja III.

Ihminen kokee elämyksissään myös mielellisyyttä, jonka avulla hänen on mahdollista orientoitua maailmassa monipuolisemmin kuin muu eliökunta. Tätä mahdollisuutta luonehdin seuraavassa tarkemmin.

Situationaalisuus on Rauhalan käyttämä termi, jolla hän tarkoittaa ihmisen elämäntilannetta eli kaikkea sitä, mihin ihmisen kehollisuus ja tajunnallisuus ovat suhteessa. Elämäntilannetta ovat siten ilmastolliset ja maantieteelliset olot, kulttuuripiiri, kansallisuus, yhteiskunnalliset ja taloudelliset olot, toiset ihmiset, arvot, normit jne. Elämäntilanteisuus tarkoittaa Rauhalalla ihmisen kietoutuneisuutta näihin elämäntilanteensa rakennetekijöihin.

Näitä olemassaolon perusmuotoja voidaan pitää kaikkia yhtä alkuperäisinä. Korkeampi olemassaolon muoto edellyttää alemman, mutta ei ole palautettavissa alempaan eikä selitettävissä pelkästään sen avulla. Siirtyminen olemassaolon muodosta toiseen käsitetään hyppäyksenomaiseksi. Alemman olemassaolon piirteistä ei mitenkään voi ennakoida ylemmän piirteitä. Se mitä ilmenee, on uutta, ennalta arvaamatonta.

4.7 Ihmisen tajunnallisuus

Tajunnallisuus ilmenee ihmisessä sisäisinä elämyksinä, ajatuksina, aistimuksina, tunne-elämyksinä ja tahdonvirikkeinä tai, tajunnan tiedostavaa piirrettä korostaen, kuten Rauhala ilmaisee: oivaltavana suhteena maailmaan.

Ihminen on todellistunut myös siten, että hän voi tarkastella paitsi aineellisuuttaan ja orgaanista tapahtumistaan myös omaa tajunnallisuuttaan. Ihminen voi myös tietää tietävänsä. Ihmisen on esimerkiksi mahdollista arvioida omaa elämäänsä eettiseltä pohjalta. Hänen on mahdollista tehdä ratkaisuja oman elämänsä suunnasta sen mukaan mitä hän pitää elämän kannalta arvokkaana ja tavoiteltavana.

Tätä tajunnallisuuden erityistä itseään tarkastelevaa aspektia kutsutaan filosofisessa antropologiassa henkiseksi [38]

(Myös Snellman esittää samankaltaisen käsityksen ihmisen tajunnan erityispiirteestä teoksessaan Persoonallisuuden idea.)[39] Tajunnan henkinen aspekti, josta on usein käytetty nimitystä *itsetajunta*, voidaan Rauhalan mukaan aktualisoida henkisen asenteenmuutoksen avulla. Tässä filosofisen antropologian merkityksessä henkinen voidaan nähdä tajunnal-

---

[38] Rauhala, 1974, s. 31.
[39] J.V. Snellman, Persoonallisuuden idea, 1841.

30

lisuuden inhimillisenä erikoispiirteenä, joka luonnontieteellisesti suuntautuneessa tieteen traditiossa on jäänyt tieteellisen tutkimuksen ulkopuolelle.

Rauhala korostaa sitä, että henkinen on meille kaikille erittäin tuttu asia:

> "Voimme henkisen asenteenmuutoksen avulla arvioida esim. vihaamme ja todeta, onko se ollut ihmisarvomme mukaista. [...] Mahdollisuutemme erottaa suuttumus, mielihyvä tai nautinnon tilassa oleminen niitä erittelevästä tarkastelusta perustuu juuri henkiseen asenteenmuutokseen, johon me tajunnassamme kykenemme. Henkisen avulla on mahdollista tavoittaa esim. vihan ja rakkauden yleinen olemus, käsitteellistää se ja kommunikoida tällä käsitteellä."[40]

Henkisyyden kohdalla liikumme tavallaan kysymyksen, mitä ihminen on, ytimessä! Erik Ahlman huomauttaa, että "Ihminen ei ole pelkkä empiirinen tosiasia niinkuin on esim. lehmä tai hevonen tai koivu, vaan ihminen on myös tehtävä, ihanne. Hän ei ole valmis; valmis ehkä ruumiillisesti, mutta ei sielullis-henkisesti." [41]

Voidaan päätyä toteamukseen, että arvokasta ja oleellista ihmisessä on itse *ihmisyys*, inhimillinen erityislaatumme olla olemassa. Kun tarkastelemme tätä ihmisyyden ominaislaatua yksilössä huomaamme, että jokainen ihmisyksilö edustaa vain epätäydellisellä tavalla sitä, mitä ymmärrämme ihmisyydellä. Henkisessä mielessä jokainen yksilö on vapaa määrittelemään oman todellisuutensa ihmisenä.

Voimme siten kokea, että ihminen ei ole ihmisenä vielä valmis ja että kaikki ihmisyyden mahdollisuudet eivät ole vielä toteutuneet yksittäisissä ihmisyksilöissä. Ihminen on vasta "tulemassa" siksi mitä hän varsinaisesti on – ihminen on "kehitysprojekti"!

Ahlman puhuu "ihmisen ideasta", jolla hän tarkoittaa, ei pelkästään sitä tiedollista kokonaisuutta, joka syntyy ihmisen tieteellisestä tutkimuksesta, vaan;

> "Ennen kaikkea on opittava näkemään ihmisen arvo, se arvokas, mitä ihminen, ihmisolemus edustaa." [42]

Tähän "ihmiseksi tulemisen" ideaan perustuu suuri osa ihmisen kulttuuritoiminnasta: kasvatus, politiikka, uskonto, etiikka jne. Näillä elämänalueilla tuntuu luonnolliselta tarkastella ihmistä "kehityspro-

---

[40] Rauhala, 1974 ss. 31-32.
[41] Ahlman 1953, s.12-13.
[42] Ibid, s 31.

31

sessina". Klassiset kasvatusfilosofiat korostavat edellä mainittua ihmisyyden arvoa kun he toteavat, että ihmistä tulee kasvattaa ihmiseksi. Pelkkä "luonnon kehitys" ihmisessä ei vielä johda tähän. Ihmisen todellisuuteen näyttää kuuluvan se, että tullakseen tosi ihmiseksi, hänessä täytyy kasvatuksen ja oman ponnistelun kautta muuttua todellisuudeksi jotain, mikä muuten on hänessä vain mahdollisuutena. Erityisesti koemme, että nämä mahdollisuudet liittyvät juuri henkisen olemassaolomme todeksi tulemiseen.

Vaikka ihmisyyden ydintä on yleensä etsitty edellä luonnehditun henkisyyden laadusta, esittää Wilenius huomautuksen siitä, miten tämä henkisyys ilmenee ruumiillisuuden yhteydessä:

> "Itsetajunnan – ehkä ennen muuta tietoisen ajattelun – edellytyksenä näyttää olevan ihmisen pitkälle kehittynyt aivorakenne." [43]

Wilenius ajattelee, että vaikka ihmisen sielullis-henkisillä toiminnoilla on oma autonominen olemassaolonsa ja omat ruumiillisuudesta riippumattomat lainalaisuutensa, eivät ne esiinny ihmisessä ruumiillisuudesta irrallisina, vaan nimenomaan sen yhteydessä:

> "Ihmisen ruumiillisuus voidaan hahmottaa kolmeksi suureksi elinjärjestelmäksi, jotka kantavat ruumiillisuuden toimintojen kokonaisuuden. Päähän keskittyy *hermo-aistijärjestelmä*, joka kuitenkin läpäisee koko kehon, sananmukaisesti varpaanpäitä myöten. Se muodostaa ihmisen tajunnan, sielunelämän hermostollisen perustan. Toinen on *hengityksen ja verenkierron rytminen järjestelmä*, joka keskittyy rinnan alueelle. Sen keskeiset elimet ovat keuhkot ja sydän, mutta verenkiertona se läpäisee koko elimistön. Kolmas on *aineenvaihdunnan järjestelmä*, joka keskittyy vatsaan ja raajoihin, mutta ulottuu kaikkialle elimistöön. Kun koen ajatteluni pään alueella ja tunteet rinnan alueella, koen tahdon lähinnä käsien ja jalkojen tahallisissa liikkeissä. (Sanon "lähinnä", koska tahdon voin kokea myös esim. ajattelun ponnistuksessa.) Siten ihmisen ruumiillisuuden kolmijäsennys näyttää liittyvän tajunnan toimintojen kolmijäsennykseen, ajatteluun, tuntemiseen ja tahtomiseen." [44]

Filosofisessa antropologiassa tulee usein esille Wileniuksen edellä luonnehtima näkemys siitä, että ihmisen olemuksen filosofisesta pohdinnasta on mahdotonta pitää erillään erityistieteiden paljastamia

---

43 Wilenius, 2002, s. 76.
44 Ibid, s. 76 (kursivointi RR)

32

ihmiskuvallisia tuloksia. Ihmisen kohdalla esimerkiksi psykofyysisen kokonaisuuden idea pohjaa juuri tälle henkis-sielullisen ja ruumiillisuuden yhdessäololle. Käytännössä toinen kirkastuu meille filosofisen pohdinnan kaltaisessa elämyksellisessä kontekstissa, toinen erityistieteiden empiirisissä tutkimuksissa. Ongelmallista on nähdä niiden yhdessäolemisen tapa.

4.8 Tajunnan intentionaalinen rakenne

Intentionaalisuus on fenomenologisen filosofian paljastama tajunnallisuudelle luonteenomainen piirre. Havaitessamme maailmaa ympärillämme on tietoisuutemme aina suuntautunut tai kohdistunut johonkin tuon maailman kohteeseen. Tajunnallisuutemme aina "tarkoittaa" jotakin ulkoisessa maailmassa.

Elämykset viittaavat johonkin itsensä ulkopuoliseen siten, että saavutetaan tarkoittava ymmärtämissuhde ajallisesti ja paikallisesti etäisiinkin asioihin ja objekteihin. Tätä asiaintilaa, että tajunta aina viittaa tai tarkoittaa jotain ulkoisessa maailmassa, kutsutaan termillä intentionaalisuus.[45]

Intentionaalisuus ymmärretään fenomenologiassa eräänlaisena peruskäsitteenä. Sitä pidetään alkuilmiönä, jota ei tarvitse redusoida mihinkään. Intentionaalisuuden tutkimuksen sisällöllinen lähtökohta on Rauhalan mukaan "*elämys* (Husserlilla Noesis), joka on perusluonteeltaan intentoiva siten, että siinä ilmenee jokin *mieli* (Sinn, sense, Husserlilla myös Noema) jostakin objektista tai asiasta. [...] Mieli, joka ilmenee elämyksessä on sitä, jolla asia tai objekti oivaltuvasti ymmärretään."[46]

Yksinkertaisemmassa muodossaan tämä ajatus esiintyi jo filosofi Kantilla. Hän päätteli, että johtuu aistiemme ja mielellisyytemme rakenteesta miten maailma meille ilmenee. Havainnoissamme (yleisemmin elämyksissämme) miellämme maailman objektit joksikin havainnoissa samanaikaisesti ilmenevän mielen avulla. Kant tarkoittaa, että havaitaksemme ylipäätään jotakin on mielellisen tajuntamme oltava toiminnassa. Havaitseminen ei siten ole sellainen passiivinen "rekisteröintitapahtuma", jollaisena se on haluttu esittää verrattaessa näköhavaintoa kameran toimintaan, vaan mielellinen toimintamme on intensiivisesti osallinen siinä mitä maailmasta havaitsemme. Näköhavaintojen lisäksi

45 Rauhala 1974, s. 34
46 Ibid, s. 48

sama koskee myös muita ihmiselle mahdollisia aistimuksia. Nykyään puhutaan "kognitiivisesta havaitsemisesta".

Johdatuksessa tieteenfilosofiaan Niiniluoto kirjoittaa Kantin näkemyksestä: "Empiirinen tietomme on yhdistelmä siitä, mitä saamme aistihavainnon kautta, sekä siitä, minkä tietokykymme itse lisää."

Kantin kriittisen idealismin mukaan empiirinen tieto syntyy, kun ihmisen tietokykyyn kuuluvat havainnon muodot ja ymmärryksen kategoriat yhdistyvät aistien antamiin vaikutelmiin. Tämä ei tarkoita, että ihmisen mielessä on ensin "puhtaita" havaintoja, joiden antamaa materiaalia järki ja ymmärrys jälkikäteen jäsentävät ja muokkaavat, vaan pikemminkin Kant haluaa sanoa, että kokemustieto ei ylipäänsä ole mahdollista ilman tietokykymme siihen tuomaa osaa. "Puhdasta" havaintokykyä ei ole olemassa, vaan kaikkeen kokemustietoon liittyy erottamaton käsitteellinen komponentti.

Mielellisyyden ilmeneminen ihmisen elämysmaailmassa tarjoaa fenomenologiselle tarkastelulle mahdollisuuden lähestyä myös sellaisia inhimillisen kokemusmaailman keskeisiä *laadullisuuksia* kuten kauneus ja hyvyys ilman, että niiden esiintymistä tarvitsee "selittää pois" johtuvaksi jostakin "perustavammasta" olemassaolon puolesta. Esteettisten ja eettisten *arvojen* olemassaoloa on mahdollista tarkastella niiden omista, mielellisyytenä esiintyvistä lähtökohdistaan käsin.

Rauhalan mukaan tajunnan sisällöllisestä puolesta käytetään nimitystä *koettu maailma*. Koettu maailma (Lebenswelt, lived world) on yksilöllisellä tavalla jäsentynyt ja koostunut tajunnallinen kokonaisuus. Koetun maailman rakenneosia ovat *merkityssuhteet*.

> "Ymmärrämme jonkin objektin tai asiaintilan joksikin tai jonkinlaiseksi merkityssuhteissa ilmenevän mielen avulla. Kun oivallamme koetussa maailmassamme erään mielen, esim. kynän, siten että se asettuu yhteyteen siihen esineeseen, jota pidämme kädessämme, tajunnassamme on merkityssuhde."[47]

Rauhalan erityisenä saavutuksena voidaan pitää hänen filosofia perustelujaan sellaisen näkemyksen hyväksi, jossa mielellisyyden tutkimus katsotaan itsenäiseksi, aivotutkimuksesta riippumattomaksi tieteellisen tutkimuksen alueeksi - merkityssuhteiden analyysiksi. Rauhala ei kuitenkaan edusta sellaista dualismia, jossa orgaaninen ja tajunnallinen nähdään täysin toisistaan riippumattomina itsenäisinä substansseina. Tällai-

---

[47]   Rauhala 1974, s. 51. Vastaavan ajatuksen Steiner muotoilee seuraavasti:
"Mikäli tahdomme ymmärtää sitä mitä havaitsemme, silloin on havainnon täytynyt jo edeltä käsin rakentua meissä käsitteeksi." Steiner: 1886, (36-45. Tsd. Dornach 1984) s. 65

34

nen näkemys ei Rauhalan mukaan vastaa nykyisiä tieteellisiä käsityksiä kehon ja tajunnallisen läheisestä *yhteydestä*. Hän korostaa, että on mahdollista omaksua dualistinen näkökulma, jossa orgaanisesta ja tajunnallisesta voidaan puhua ihmisen kahtena todellistumismuotona, kokonaisuuden aspektina.

Tämän filosofisen pohdinnan yhteydessä Rauhala on esittänyt sellaista yksipuolisen luonnontieteellisen ihmistutkimuksen kritiikkiä, joka on nähdäkseni adekvaattia myös luonnontutkimuksen alueella. Toisaalta, kuten tulemme huomaamaan, on mahdollista puolustaa luonnontieteellisiä periaatteita samasta fenomenologisesta lähtökohdasta käsin.

4.9 Feuerbachin filosofinen antropologia

Kuten edellä viitattiin, kaikki filosofinen antropologia ei edusta dualistista näkemystä. Erityisesti sellaiset filosofisen antropologian edustajat kuten Ludwig Feuerbach (1804-1872) ja Helmuth Plessner (1892-1982) ovat pyrkineet irrottautumaan sekä äärimaterialistiseen että ääri-spiritualistiseen suuntaan vievästä reduktionistisesta asenteesta. Kyseiset ajattelijat ovat korostaneet ihmisen elämismaailman välittömyyttä, "aistimellisuutta" (Sinnlichkeit).

Voidaan sanoa, että filosofisen antropologian eri suuntauksia on aina yhdistänyt ihmisen kokonaisuuden idea.[48] Kokonaisuudella on tarkoitettu *hengen ja ruumiin* tai *hengen, sielun ja ruumiin* muodostamaa kokonaisuutta ihmisessä. Ihmiskäsitykset, joissa joko henki tai materia on nähty ainoana ihmisen todellisuuden perustana, ovat jääneet tämän kokonaisuusajatuksen ulkopuolelle. Esimerkiksi spiritualistiset tai yksipuoliset materialistiset käsitykset eivät edusta tämän näkemyksen mukaan kokonaisuutta, koska ne pyrkivät selittämään ihmisen pelkästä hengestä tai materiasta käsin.

Tässä merkityksessä filosofisessa antropologiassa on pyritty välttämään yksipuolista, monistista näkemystä ihmisen todellisuudesta. Toisaalta tämä ei ole tarkoittanut automaattisesti dualistisen tai pluralististen näkemysten hyväksymistä. Laine korostaa, että modernille filosofiselle antropologialle on ollut tyypillistä kriittinen suhtautuminen karteesiolaiseen dualismiin – hengen ja aineen laatujen erillään pitämiseen.

Modernissa filosofisessa antropologiassa tähdennetään luonnon samanarvoisuutta hengen kanssa. Perinteinen historiallinen näkemys sisälsi näkemyksen, että henki on ihmisessä jotain arvokasta ja ruumiillisuus

---

48 Laine 1989, s. 11

alhaista, langennutta. Tästä painotuksesta luopuminen ei ole kuitenkaan merkinnyt materialistisen ihmiskäsityksen omaksumista, vaan kyse on ollut aidosta pyrkimyksestä nähdä henkinen ja aineellinen ihmisessä kokonaisuutena.

Feuerbach katsoi, että ihmisellä itsellään on keskeinen osuus "todellisuuden" muodostumisessa. Feuerbach näkee esimerkiksi uskonnon ihmisen kulttuurituotteena, jossa jumaluus, ihmisen omana ominaisuutena on projisoitu ihmisen ulkopuolelle objektiiviseksi olennoksi. Selvittämällä itselleen kriittisesti tietoisuutensa toimintatapoja ihminen ottaa Feuerbachin mukaan askeleen kohti itsensä ja samalla maailman perimmäisen luonteen tiedostamista. Toisaalta Feuerbachin ajatteluun kuuluu se, että myös materialistinen maailmankäsitys sisältää vastaavanlaisen projektion.

Filosofisen antropologian kiinnostuksella ihmisen "luontopuoleen" on ollut yhtä suuri merkitys ihmisen tietoisuuden rakenteiden selvittämisessä kuin Freudin selvityksillä ihmisen alitajunnan, tiedostamattoman rakenteista. 1900-luvun tutkijoiden kiinnostus varsinkin eläinten vaisto- ja viettielämän tutkimiseen avasi uusia näkymiä ihmisen tietoisuuden ymmärtämisessä.

Laine viittaa filosofisen antropologian historiassaan J.G. Herderin suorittamiin eläinten käyttäytymisen tutkimuksiin. Herder oli havainnut, että mitä ahtaampi on eläimen elämänpiiri, sitä erikoistuneempia ovat sen aistit ja sitä tarkemmat ovat sen vaistot.

> "Ihminen paljastuu tässä suhteessa luonnonlahjoiltaan alastomaksi, avuttomaksi ja aseistautumattomaksi. Tässä vaistojen ja viettien suuressa puutteellisuudessa täytyy Herderin mukaan olla selitys sille, että ihmiselle on kehittynyt tai ihminen on kehittänyt itselleen erilaisia apuvälineitä: kulttuurin. Sen on mahdollistanut ihmisen suuri luontainen ymmärrys, harkinta tai järki."[49]

Siinä missä ihmisen aistijärjestelmä ja vaistoelämä osoittautuu "alikehittyneeksi" eläimiin verrattuna, ilmenee ihmisen vahvuus: kehon ja sen aistien monipuolisuus ja tasapuolisuus sekä sellaisia sisäisen sielunmaailman rakenteita, joiden ominaislaatu on mahdollisuus reflektiivisyyteen – objektiiviseen tarkasteluun – henkisyyteen.

---

[49]   Laine 1989, s. 7.

36

Ihmisen "elämismaailman" tai "aistimellisuuden" lähtökohta rakentaa sillan myös Goethen varhaiselle fenomenologian ymmärtämiselle. Laine kirjoittaa filosofisen antropologian historian katsauksessaan:

"Eräs metodisen ajattelun linja on erityisen mielen-kiintoinen koska se tavallaan vahvistuu uudessa filosofisessa antropologiassa fenomenologisen filosofian välityksellä. Sitä on käsitelty varsin yleisesti 1700-luvun lopun ja 1800-luvun alun antropologioissa: 'käsitellä empiiristä ainesta spekulatiivisesti'. Goethen teoria 'havaitsevasta tiedostuksesta' (anschauendes Erkennen), jolla hän tarkoittaa havainnon ja ajattelun ykseyttä tiedostuksessa, on ollut varmasti eräs suuri vaikuttaja antropo-logiassa."[50]

Laineen mukaan myös Feuerbachilla liittyy aistimellisessa havainnossa (sinnliche Anschauung) toisiinsa ihmiselämän empiria ja teoreettinen, abstrakti ajattelu.[51]

Vaikka Feuerbachin kritiikki kohdistuu ennen kaikkea saksalaista idea-lismia vastaan, välittömän kokemuksellisuuden puolesta, ei hän kuiten-kaan edusta 'naiivin realistista' inhimillisen tietoisuuden tutkimusta. Laineen mukaan Feuerbach katsoo, että subjekti osallistuu kyllä aktiivi-sesti tiedostamistapahtumaan, mutta tietoisuuden kohteet tulee silti tun-nustaa aidosti olemassaolevana, 'toisin olevana', eikä vain ajatuksellisesti tavoitettavana. Tietoisuuden kohteet käsitetään silloin aistimellisena, individuaalisena todellisuutena eikä vain yleiskäsitteinä.[52]

Tässä Feuerbach ehkä lähenee Aristoteleen näkemystä olemassaolevan, ideaalisen ja aistimuksellisen suhteesta. Ideat ovat kyllä tietoisuuden kohteita, kuten Platonilla, mutta Platonista poiketen ideaalinen esiintyy Aristoteleella aina yksittäisten aistittavien olioiden yhteydessä – uni-versaalinen yksityisessä. Tämän vuoksi se todellisuus, joka ihmiselle ilmenee, on tavoitettava juuri tässä yhteydessä.

Siten uusimman filosofisen antropologian käsityksiin kuuluu fenomeno-logisen filosofian esille nostama näkemys, että ihmisen arkitieto, mutta myös tieteellinen tiedonmuodostus, on keskeisesti fenomenaaliseen, aistimukselliseen sitoutunutta. Kyse on luottamuksen palauttamisesta välittömiin aistivaikutelmiin.

Kun karteesiolainen uuden ajan tiede suhtautuu epäillen aistikokemuk-

50   Laine 1989, s. 15.
51   Ibid, s. 15.
52   Ibid, s. 21.

siin ja katsoo, että todellisuus on tavoitettava rationaalisessa ana-
lyysissä aistivaikutelmien "takaa", nähdään filosofisessa antropologi-
assa, että todellisuus löytyy aistikokemuksen sisältä - ei naiivissa mie-
lessä, vaan siinä muodossa missä juuri tajunnan intentionaalisuuden
tutkimus on osoittanut aistikokemuksen syntyvän.

Tämä Goethen tarkoituksia lähestyvä ajatussuunta korostaa kaiken
inhimillisen tiedon "ihmiskeskeisyyttä". Ihmiselle ei ole mahdollista "tieto
sinänsä", vaan se on aina sellaisen olennon tietoa, jonka tietoisuuden
rakenne on kuten se ihmisellä on – kokemuksellisuuteen, kehollisuuteen
tai aistimuksellisuuteen perustuvaa. Metafyysisten tai idealististen en-
nakkokäsitysten varaan rakentaminen, ovatpa nämä sitten spiritua-
listisia tai materialistisia, on tämän näkemyksen mukaan aina spekula-
tiivista.

Vaikka modernissa filosofisessa antropologiassa korostuu aistimellisuu-
den ja kehollisuuden merkitys, ei se kuitenkaan edusta materialistista ih-
miskäsitystä, vaan pikemminkin on kyse aidosta yrityksestä nähdä kehol-
linen ja henkinen yhtenäisenä kokonaisuutena.

Kaiken tajunnallisuutta tarkastelevan fenomenologisen tutkimuksen ta-
voin se korostaa tajunnan intentionaalista luonnetta, mutta sisältää nyt
uuden näkemyksen siitä, miten tajunnan tietoiset aktit ovat suhteessa
"alempaan" sielunelämään (vietit ja vaistot) sekä kehon biologisiin ja
fysiologisiin tapahtumiin. Sekä tajunnallinen (henkinen) että kehollinen
(aineellinen) ovat tässä tarkastelussa aitoja ihmisenä olemisen muotoja,
eikä kumpaakaan ole tarvetta redusoida toiseen. Sen sijaan oleelliseksi
muodostuu niiden kokonaisuus ja yhdessäolemisen tapa.

Modernin filosofisen antropologian kannalta ei ole ensisijainen ollut kysy-
mys onko tässä tarkoitetulla henkisellä olemassaolo myös kehollisuuden
ulkopuolella, esimerkiksi kuoleman jälkeen. Laine korostaa, että oleel-
lista on se, että henkinen on tosiasia jo "tällä puolella"! Jatkuuko henki-
nen olemassaolo kuoleman jälkeen, jää tämän tarkastelun ulkopuolelle.
Periaatteellista estettä sille ei ole siksi, että filosofinen antropologia ei
sisällä oletusta, että todellisuus olisi perimmäiseltä luonteeltaan materia-
listinen. Ihmisen tietoisuus ei vain tässä "arkisessa" muodossaan näytä
sisältävän välittömiä kokemuksia kehollisuudesta riippumattomasta hen-
kisyydestä.

Tosin niissä henkisen elämän traditioissa, joissa erityisesti tarkastellaan
tätä henkisen kehosta riippumatonta piirrettä, korostetaan yleisesti
tajunnallisuuden muuntamisen tarpeellisuutta toisenlaiseksi kuin mitä se
normaalissa arkimuodossaan on. Kysymys tämän kaltaisesta tajunnalli-
suuden metamorfoosista jää yleensä filosofisen antropologian ulkopuo-
lelle siksi, että sen oma empiirinen ja filosofinen tarkastelu pitäytyy

38

alkuperäisessä muuntumattomassa tajunnallisuudessa.

Laine korostaa, että klassisessa filosofiassa aistimellisuutta tarkasteltiin usein vain tieto-opilliselta kannalta: Kuinka ajattelussa päästään objekteihin ja pettävätkö aistit meitä? Ja kun oli todettu aistien petollisuus tai aistitiedon häilyvyys, se leimattiin rajoitukseksi joka pitää ylittää. Feuerbachin uusi väite kuului, että koska ihminen on olemukseltaan kehollinen ja elää aistimellista elämää, emme saa abstrahoitua, harpata missään vaiheessa tuon seikan ylitse, sillä silloin emme ole enää ihmisen todellisuudessa. [53]

Vaikka Feuerbachin ajattelua ei seuraisi tämän pidemmälle, on hänen vaikutuksensa filosofisen antropologian kehityksessä nähtävä merkittävänä. Samanlainen "perusvire" ihmisen kokonaisuuden ymmärtämisessä on tavattavissa monella hänen seuraajistaan. Kuten edellä todettiin, myös Goethe näkee todellisuuden aistimellisuuden, fenomenologian näkökulmasta.

5 GOETHEANISTISEN FENOMENOLOGIAN TIETEENFILOSOFIASTA

Vaikka Johann Wolfgang von Goethe tunnetaan paremmin runoilijana, on 1990-luvun tieteenfilosofinen keskustelu löytämässä yhtymäkohtia myös Goethen luonnontarkastelun ja modernin fenomenologisen filosofian välillä. Goethea on tällöin luonnehdittu luonnonfenomenologiksi, joka edusti ilmiökeskeistä luonnontutkimuksen perinnettä jo ennen kuin Edmund Husserl ja Martin Heidegger aloittivat omat fenomenologisen filosofian suuntauksensa ihmistutkimuksen parissa.

Jos hermeneuttisen tieteenfilosofian voidaan nähdä syntyneen positivistisen lähestymistavan kritiikkinä ihmistutkimuksen alueella, voidaan goetheanistisen fenomenologian juuret nähdä positivistisen luonnontutkimuksen kritiikissä. Toisaalta Goethelta periytyvä fenomenologian muoto ei rakennu luonnontieteiden kritiikille sinänsä, vaikka häneltä löytyykin perinteistä luonnontieteellistä ajattelutapaa polemisoivia kirjoituksia. Pikemminkin Goethen kohdalla on kyse klassisen länsimaisen tieteenfilosofian ja erityisesti aristotelisen tiedonkäsityksen puolustaminen modernin fenomenologisen ajattelun valossa.

Kuten alussa todettiin, tämän päivän luonnontieteiden voidaan sanoa

[53] Laine 1989, s. 22.

edustavan ns. tieteellistä realismia, jonka suhde ideaaliseen, lainomaiseen noudattaa perimmältään platonistista metafyysistä ajattelua. Ihmisen tajunnan ulkopuolella oleva luonto, ns. materiaalinen maailma nähdään todellisuutena, jota matemaattisesti kuvattavat luonnonlait säätelevät. Vaikka 1900-luvun fysiikka siirtyi vuosisadan alussa uuteen vaiheeseen kvanttifysiikan mukanaan tuomien filosofisten ongelmien myötä, on yllä mainitusta realismista (siitä klassisen fysiikan peruskäsityksestä, että ulkomaailma on reaalisesti olemassaoleva ja ihmisen tajunnasta riippumaton) pyritty pitämään kiinni.

Tarja Kallio-Tamminen kirjoittaa artikkelissaan Tieteessä tapahtuu -lehdessä:[54]

> "Kun kvanttimekaniikassa ei voi tehdä ennustuksia tai havaintoja viittaamatta havaitsijaan tai havaintovälineisiin, kööpenhaminalaiset näkivät riippumattoman ulkopuolisen maailman illuusion särkyvän mikrotasolla. Werner Heisenberg yhdisti tämän siihen kiistattomaan seikkaan, että luonnontiede on ihmisen muotoilemaa. Luonnontieteen ei pidä täten olettaa kuvailevan luontoa sellaisena kuin se on. Luonnontiede voi antaa kuvan luonnosta vain sellaisena, kuin se ihmisen kulloisellekin kysymyksenasettelulle näyttäytyy. Siten tiede ei vain yksinkertaisesti kuvaa ja selitä luontoa vaan on osa luonnon ja oman itsemme välistä vuorovaikutusta."

Kallio-Tammisen kuvailemaa filosofista näkökulmaa ovat aikamme luonnontutkijat vältelleet. Hänen mukaansa on klassisen metafysiikan perusoletuksia ja sen objektiivista kuvailuideaalia pidetty itsestään selvänä lähtökohtana.

Luonnontieteilijöiden tarvetta luottaa toisaalta havaittaviin tosiasioihin, faktoihin ja toisaalta loogis-analyyttisen järjen päättelyihin sekä dualistiseen tiedon ja todellisuuden suhteeseen on mahdollista tarkastella tieteenhistoriallisen tutkimuksen valossa. Seuraavassa pyrin aluksi lähestymään tajunnallisuuden ja kehollisuuden, hengen ja aineen yhdessäoloa kehitysopillisesta näkökulmasta.

54 Kallio-Tamminen: Havaitsijan asema kvanttimekaniikan kööpenhaminalaisessa tulkinnassa, Tieteessä tapahtuu, nro 5/2000.

5.1 Tieteenhistoria ihmisen tietoisuuden kehityksen kuvana – antropologinen näkökulma

Maineikas historioitsija J. L. E. Dreyer kirjoittaa teoksessaan A History of Astronomy from Thales to Kepler, että babylonialaisten pappien astrologisilla käsityksillä oli voimakas vaikutus kreikkalaisen astronomian kehittymiselle.

"Papiston ulkopuolella ei esiintynyt minkäänlaista tutkimusta, siksi spekulaatioihin maailman alkuperästä ja rakenteesta sekoittui aina mytologisia kuvitelmia itsenäisen ajattelun puuttuessa. Astronomian voidaan sanoa syntyneen Babyloniassa, mutta kosmologia, erotukseksi mytologisesta kosmogoniasta, on peräisin vasta Kreikasta. [...] Aluksi kreikkalainen kosmologinen spekulointi kulki, kuten itäisillä kansoilla, puhtaasti mytologisilla linjoilla. Maailman alkuperää etsittiin lapsellisella tavalla; keksittiin yliluonnollisia olentoja ja maan, veden ja taivaan uskottiin olevan niiden luomia. Vähitellen kreikkalaiset ravistivat itsensä vapaiksi puuhailusta myyttien parissa; he pyrkivät löytämään lakeja, jotka säätelevät luonnonilmiöitä, tarvitsematta vedota yliluonnollisten olentojen jatkuvaan tapahtumiin puuttumiseen, ja he järkeilivät sellaisella ajattelun vapaudella, johon heidän itämaiset edeltäjänsä eivät koskaan yltäneet".[55]

Dreyer näyttää tässä ajattelevan ajallemme tyypillisesti, että koska myyttisten kulttuurien ihmiset eivät tunteneet niitä tosiasioita, joita me tunnemme tieteemme ansiosta, he siksi tuottivat kaikki mainitut myyttiset kuvitelmat maailman jumalallisesta perustasta. Mikäli he olisivat tunteneet nämä tosiasiat, he eivät ehkä olisi olleet niin "lapsellisia" näkemyksissään.

Dreyerin ajattelu kuvastaa yksioikoista näkemystä tieteellisen tiedon kumulatiivisesta kasvusta ja naiivia käsitystä ihmisen tietoisuuden kehityksestä. Siinä oletetaan, että muinaisten kulttuurien ihmisen tietoisuus toimi periaatteessa samalla tavalla kuin modernin ihmisen. Lähtökohtana on ajatus, että kaikkina muinaisina aikoinakin tutkiva ihminen on pyrkinyt ymmärtämään samaa todellisuutta kuin nykyihminen tänä päivänä, mutta koska muinaiselta ihmiseltä puuttuivat ne tieteen paljastamat tosiasiat, joita me tänään tunnemme, ei todellisuuden ymmärtäminen ole häneltä onnistunut 'oikein'.

---

[55]   Dreyer 1953, s 1 (suom. RR).

Thomas Kuhn argumentoi kuuluisassa teoksessaan The Structure of Scientific Revolutions, että johtuu ainoastaan kyvyttömyydestämme nähdä tieteellisten keksintöjen olevan seurausta uudelleen-orientoitumisesta (tiedeyhteisön tehdessä uusia kysymyksiä ja uusia johtopäätöksiä vanhoista tosiasioista), että pidämme näitä keksintöjä seurauksena tiedon lineaarisesta kumuloitumisesta aina *samasta todellisuudesta*. Kuhnin ajatus on, että jokaisessa uudelleen-orientaatiossa tai 'vallankumouksessa' omaksutaan uusi näkemys todellisuudesta. Tieteen rakenteet itsessään kuitenkin peittävät tämän prosessin näkyvistä kun jokainen uusi tiedemiessukupolvi esittää yhä uudelleen kirjoitetuissa oppikirjoissaan näkemyksen, että "todellisuus" oli varhaisemmille tutkijoille periaatteessa sama kuin meille.

"Historiallisten tosiasioiden kunnioituksen puute on syvällisesti ja mahdollisesti toiminnallisesti sidoksissa ammattimaisen tieteen tekemisen ideologiaan, saman ammatillisen toiminnan, joka asettaa kaikkein korkeimmaksi arvokseen toisenlaiset yksittäiset tosiasiat."[56]

Tällaisena historiallisena tosiasiana antropologit ovat korostaneet, että muinaisen ihmiskunnan *tietoisuus* on radikaalilla tavalla poikennut modernin ihmisen tietoisuudesta. Sen varhaisen kulttuuri-ihmisen kohdalla, joka oli vastuussa myyttisten tarujen ja sagojen synnystä, puhutaan esikäsitteellisestä tai esiloogisesta tietoisuudesta. Tällä tarkoitetaan tietoisuuden laatua, joka ei vielä ollut kehittynyt kirkkaaksi käsitteelliseksi ja loogiseksi ajatteluksi. Kyse ei ole pelkästään "yksinkertaisesta" ihmisestä (merkityksessä "tietämätön"), vaan tietoisuudeltaan erilaisesta ihmisestä.

Antropologi Lévy-Bruhlin mukaan ei ainoastaan muinaisen ihmisen tietoisuus poikennut nykyihmisen tietoisuudesta, vaan myös muinaista ihmistä ympäröivät ilmiöt, fenomeenit olivat erilaisia kuin modernin ihmisen kohdalla. Hänen mukaansa on väärin asettaa kysymys: "Miten primitiivinen ajattelu selittäisi tämän tai tuon ilmiön?" Kysymys on väärin asetettu koska ei ainoastaan muinainen ajattelu vaan myös muinainen tapa havaita, nähdä ilmiöt, poikkesi omastamme.[57] Muinainen ihminen katsoi maailmaa samanlaisilla silmillä kuin me, mutta erilaisella tietoisuudella.

Owen Barfieldin mukaan antropologien esittämä syy sille, miksi mui-

---

56   Kuhn 1970, s 138. Kuhnin ajatus tarkoittaa tässä, että myyttinen maailmankäsitys perustuu erilaiselle tosiasioiden tulkinnalle kuin esim. maailman fysikaalinen tulkinta. Myyttisissä kuvauksissa *tarkoitettiin* toisenlaista todellisuutta, nimittäin henkis-moraalista maailmaa.
57   Lainaus Barfieldin teoksessa, 1991, s. 28.

42

naisten kulttuurien ihmiset eivät kokeneet maailmaa samanlaisella tietoisuudella kuin nykyihminen, on siinä, että he eivät nykyihmisen tavoin asettuneet ilmiöiden "ulkopuolelle". Kun modernin tiedemiehen ihanne on olla eräänlainen "sivustakatsoja", objektiivinen, ulkopuolinen tarkkailija, oli muinaisen ihmisen kokemus itsestään ja maailmasta toinen. Hän ei kokenut maailman ilmiöitä itsensä ulkopuolella, vaan ilmiöt olivat kokemuksena aina myös intensiivisesti sisäisiä kokemuksia – osa häntä itseään. Barfield kuvaa tätä muinaista tietoisuutta "osallistuvaksi", ilmiöissä sisällä olevaksi tietoisuudeksi, erotukseksi modernista, "emansipatorisesta", ilmiöistä irroittautuneesta, etäisyyttä ottavasta ja itsenäistyneestä tietoisuudestamme.[58]

Emme ainoastaan ajattele eri tavoin kuin muinaiset ihmiset vaan myös meitä ympäröivät ilmiöt ovat muuta kuin mitä muinaiset ihmiset kokivat. Muinainen "maailma" oli tämän käsityksen mukaan jotain muuta kuin meidän "maailmamme". Siten siinä tavassa, miten jokin kulttuuri jonakin aikana kuvaa kokemustaan maailmasta, maailmankäsitystään, se samalla kuvaa tietoisuutensa sisäistä tilaa ja rakennetta.

Kun katsomme historiassa taaksepäin ihmiskunnan varhaisiin kulttuureihin ja kohtaamme maailmankuvia, jotka poikkeavat omistamme, voimme olettaa, että ne ovat syntyneet toisenlaisen tietoisuuden hedelminä kuin meidän. Tästä voimme päätellä, että jossakin vaiheessa historiassa on tapahtunut tietoisuuden muutos – siirtymä esikäsitteellisestä tietoisuudesta käsitteelliseen, loogiseen tietoisuuteen.

Tästä siirtymästä Dreyer kertoo "tieteellisen ajattelun *syntymisenä* antiikin Kreikassa", ikäänkuin tämä olisi syntynyt "tyhjästä". Ensin ei ollut loogista ajattelua ja sitten se oli olemassa. Antropologit tuovat toisenlaisen näkökulman loogisen ajattelun syntyyn ja osoittavat sen kehittyvän esiloogisesta tietoisuudesta käsin – metamorfoosina, muuntumana.[59]

Esikäsitteellistä tietoisuutta antropologit sanovat myös *kuvalliseksi* tietoisuudeksi, koska siinä abstraktien käsitteiden tilalla esiintyy ihmisen tietoisuudessa mielikuvallinen aines. Tarut ja myytit ovat tästä oivallinen esimerkki. Niissä muinaisen ihmisen maailmankuva ilmaistaan kuvallisessa, esikäsitteellisessä muodossa. Ilmeiseksi käy silloin se, että kyse ei ole sellaisen "fysikaalisen" todellisuuden kuvauksista, joita nykytieteen oppikirjat pyrkivät tavoittelemaan. Saduissa ja muinaisissa myyteissä on

---

58   Barfield 1991, s. 30.

59   Samanlaisen näkökulman myyttiseen tietoisuuteen esittää Elias Lönnrot väitöskirjassaan Om finnarnes magiska medicin. (Lönnrot, Svenska skrifter, Uppsatser och Öfversättningar, 1908)

kyse eettis-moraalisen maailman kuvauksista. Tämä eettis-moraalinen maailma oli yhtä välitön ja "oikea" todellisuus muinaiselle ihmiselle kuin fysikaalinen todellisuus on nykyajan ihmiselle.

Tietoisuuden kehitys on siten antropologian näkökulmasta tapahtunut esikäsitteellisestä, kuvanomaisesta tietoisuudesta käsin kohti abstraktia, loogis-käsitteelistä tietoisuutta. Tässä hitaassa muutosprosessissa, jossa osittain edelleen olemme, on ihmisen tietoisuuden mielikuvien kaltainen kuvaaines kokenut metamorfoosin ja muuntunut tai eriytynyt omaksi käsitteelliseksi tietoisuuden osa-alueeksi. Abstraktin tieteen synty on seurausta tästä ihmisen tietoisuuden kehityksestä. Samalla se on seurausta emansipoituvasta, ilmiöiden ulkopuolelle astuvasta tietoisuudesta, joka kokee itsensä ensi kertaa minänä, subjektina – objektiivista ulkomaailmaa vastassa. Vasta antiikin Kreikan filosofian edustamana aikakautena syntyy dualistisen minä – maailma -asetelman mahdollisuus.

Vastaavanlainen tietoisuuden muutos on nähtävissä yksilökehityksessä kun holistisesta, varhaislapsuuden kuvanomaisesta tietoisuudesta, jolta vielä puuttuu abstrakti ajattelu ja itsen ja maailman erillisyyden kokemus, kasvaa vähitellen esiin yksilöllisyys, jolla on kokemus itsestä erillisenä olentona maailmassa ja jonka maailman hän vasta nyt kokee itsensä ulkopuolella.

Pienen lapsen tajunta perustuu vielä affekteille ja tunnelmille ja abstraktin ajattelun asemesta elävälle ja rikkaalle mielikuvamaailmalle, joka pystyy tuottamaan loputtomasti mentaalisia kuvia. Tämä mielikuvituksen kuvallinen elementti muuntuu yksilökehityksessä vähitellen aikuisen ihmisen käsitteelliseksi, abstraktioita tavoittavaksi ajatteluksi.

Tämä on myös syy sille miksi pieni lapsi kokee niin intensiivisesti satujen ja tarinoiden sisällön. Satujen kuvallinen laatu vastaa lapsen sisäisen tietoisuuden kuvallista laatua ja siksi hän kykenee eläytymään niihin. Asioiden abstrakti esittäminen aikuisten "reaalisesta", "objektiivisesta" näkökulmasta ei pysty muodostumaan lapselle vastaavanlaiseksi kokonaisvaltaiseksi elämykseksi.

Tämän kuvallisen sielunelämän alueen terve kehittyminen on myös nähty edellytyksenä luovan, selkeän ja johdonmukaisen ajattelun kehittymiselle aikuisuudessa. Mielikuvaelämä muuntuu ajatuselämäksi. Mielikuvat kuuluvat myös strukturaalisesti modernin ihmisen kognitiiviseen elämään. Ne muodostavat sillan ulkomaailmaa peilaavien aistimusten ja käsitteiden välille, joiden taas koemme kumpuavan sisäisestä sielunmaailmastamme. Aistimus liittyy käsitteeseen mielikuvan kautta. Siksi Snellman pedagogisissa luennoissaan varoittaa ohittamasta mielikuvituksen vaihetta lapsen kasvatuksessa.

Abstrakti tietoisuus on mahdollista herättää myös pienessä lapsessa, mutta se vastaa hänen luonnollista kehitystilaansa vasta lähellä puberteettia. Halu tuottaa lapsessa abstraktia ajattelua jo varhaisessa vaiheessa, tarkoittaa sellaisen tietoisuuslaadun pakottamista esiin, joka on vieras lapsen sisäiselle todellisuudelle. Mielikuvituksen vaiheen vaaliminen lapsen kasvatuksessa on mitä tarkeintä, jotta siitä myöhemmin voisi kehittyä selkeä ja kirkas, elävä ja muuntumiskykyinen käsitteellinen ajattelu. Satujen, myyttien ja yleensä kertomusaineiston esiintyminen steinerkoulujen alaluokkien opetussuunnitelmassa on siten yhteydessä steinerpedagogiseen ihmiskäsitykseen ja käsitykseen ihmisen tietoisuuden kehityksestä varhaislapsuudessa.

* * *

Voimme nähdä miten varhaiskulttuurien ihmisen kuvallinen tietoisuus muuntuu antiikin Kreikan filosofiassa abstraktiksi käsitteelliseksi ajatteluksi. Myös täällä on muutos vähittäinen ja antiikin filosofeilta löytyy vielä ilmauksia, jotka viittaavat muinaiseen kuvalliseen tietoisuuden laatuun.

Siten esimerkiksi sekä Aristoteles että Platon ilmaisevat kokemuksensa ideoista, että ne ovat havaittavia asioita. Niitä he havaitsevat 'sielunsa silmin' kun taas värit, äänet ja tuoksut he havaitsevat ruumiinsa aisteilla. 'Sielun silmillä näkeminen' oli vielä samaa kuin muinainen kuvatietoisuus, mielikuvina näkeminen. Platonille ideoiden havaitseminen oli paljon vakuuttavampi kokemus kuin aistimaailman esineiden havaitseminen. Siksi ideat edustivat hänelle tosiolevaista maailmaa. Aistimaailman ilmiöt taas olivat hänelle 'harhaa'. Aristoteles sen sijaan katsoi maailmaa meille tutummasta, 'maanläheisemmästä' näkökulmasta. Hänelle ideat olivat tosin myös havaittavia, mutta aina vain aistittavien yksittäisten olioiden yhteydessä.

Tietoisuuden intentionaalinen piirre toimii nykyihmisessä siten, että tarkoitamme jotain käsitteellistä mielellisyyttä tai merkitystä aistikokemuksen yhteydessä ja *sen seurauksena me havaitsemme*. Muinaiselta ihmiseltä puuttui käsitteellistämisen kyky, mutta käsitteiden sijasta hänellä oli mentaalisia kuvia, mielikuvia. Hänen kykynsä havaita maailmaa ympärillään riippui yhtä lailla hänen kuvatietoisuutensa intentionaalisesta luonteesta kuin meidän havaintokykymme riippuu abstraktin tietoisuutemme intentionaalisesta luonteesta.

Johtuen muinaisen ihmisen intensiivisestä "osallistumisesta" maailmantapahtumiseen, ei näiden mentaalisten kuvien tuottaminen ollut siinä

45

määrin tahdosta riippuvaista kuin abstrakti ajattelu on sitä nykyihmiselle. Luonnonilmiöiden kokeminen merkitsi muinaiselle ihmiselle samalla välttämättä sellaisten sisäisten (mieli-) kuvien kokemista, joiden avulla ilmiöt koettiin "jonakin", aivan kuten omassa tietoisuudessamme nykyään täytyy esiintyä jokin "organisoiva" idea tai mielikuva, jonka avulla me havaitsemme ilmiön "jonakin". Nykyihmisen abstrakti käsitteellisyys sisältää vain monin verroin enemmän "vapausasteita" kuin muinaisen ihmisen kuvatietoisuus. Kun ihmisen tietoisuus emansipoituu luonnontapahtumisesta, saa hän samalla kokemuksen oman ajattelun vapaudesta. Eräs käsitys toiminnan (tahdon) vapaudesta liitetäänkin juuri ajattelun vapauteen.⁶⁰

Antiikin Kreikassa heräävä ja uuden ajan alussa voimistuva luonnontiede on, vaikkakin se johtaa ihmisen eristymiseen ja vieraantumiseen välittömästä luonnonkokemuksesta, juuri tästä syystä sellainen kehitysimpulssi, joka tuo ensimmäistä kertaa kulttuurin näyttämölle vapaan ja yksilöllisen minä-ihmisen, "minä olen"-ihmisen. Muinaisen kulttuuriihmisen tietoisuuden rakenne ei sellaisenaan olisi voinut synnyttää vastaavaa minäkokemusta.

Koko moderni luonnontiede perustuu varhaisen "osallistuvan tietoisuuden" kieltämiselle.⁶¹ Luonnontieteiden sisältämä "erillistymisen" ja "itsenäistymisen" kehitysimpulssi voidaan siten nähdä *vapauteen johtavana kehitystapahtumana.*

Karteesiolainen dualismi on tässä valossa positiivinen kehitysaskel ihmisen tietoisuuden kehityksessä. Se kuuluu luonnollisella tavalla jokaisen ihmisen minä-kehityksen vaiheeseen. Jokainen nuori käy tämän läpi omassa yksilökehityksessään. Ihmiskuntana aloitimme kyseisen kehitysvaiheen antiikin filosofian ansiosta kehittyneessä uuden ajan luonnontieteessä ja tässä vaiheessa olemme vieläkin. Kysymykseksi jää, onko dualistinen asenne lopullinen ja ainoa mahdollinen vai onko se tavalla tai toisella ylitettävissä?

Myyttiset muinaiskulttuurit tosin kavahtivat tällaista minäkehitystä kauan ennen sen toteutumista, koska siinä nähtiin kehitysmahdollisuus myös pahuuteen – egoismiin, pohjattomaan itsekkyyteen. Jumalallisesta johdatuksesta eristäytynyt minä-ihminen joutuu tämän näkemyksen mukaan monille erheille alttiiksi. Tämän vuoksi siellä missä vapauteen perustuvaa tietämistä ja erityisesti itsetietämistä on arvostettu, on siihen

⁶⁰ Ks. esimerkiksi Steiner: Vapauden filosofia, suom. 1960.
⁶¹ Barfieldin ajatukseen viittaa Alan Cottrell artikkelissaan The Resurrection of Thinking and the Redemption of Faust (Goethes Way of Science, toim. 1998) ss. 260-261.

katsottu kuuluvan vastapainona *eettisyyteen kasvun* vaatimus.[62] Vasta aivan moderni aika on luopunut tästä vaatimuksesta ja katsoo tiedon olevan riippumaton ihmisen eettisestä elämästä.

Edellä esitetyn, tietoisuuden kehityksessä nähtävän *metamorfoosin* ajatuksen tarkoituksena on kuvata kahta ihmiselle mahdollista, erityyppistä maailma-suhdetta: "osallistuvaa" ja "emansipoitunutta", toinen ihmiskunnan menneisyydestä ja toinen nykyisyydestä. Goetheanistisen fenomenologian kysymys kuuluu: voiko moderni emansipoitunut tietoisuus saavuttaa uudella ja tietoisella tavalla osallistuvan suhteen maailmaan? Seuraavassa tarkastelemme niitä tieteellisen ja filosofisen ajattelun kulkuja, jotka johtivat luonnontieteiden pioneerit pois osallistuvasta tietoisuudesta, kohti emansipoitunutta maailmasuhdetta.

5.2 Modernin fysiikan metafyysiset juuret

Platonin ja Aristoteleen filosofioiden lisäksi atomismi on kolmas muinaisen Kreikan filosofisen ajattelun suunta, johon modernilla fysiikalla on läheinen suhde. Varhaisimmat atomistit, Demokritos ja Leukippos kuvittelivat maailman äärettömäksi tyhjiöksi. Aineen he ajattelivat koostuvan pienistä, jakamattomista kappaleista, jotka liikkuvat tyhjiössä.

Henri Bortoftin mukaan renessanssin filosofit löysivät antiikin atomismin uudelleen Epikuroksen ja roomalaisen runoilijan Lucretiuksen kautta.[63] Vaikka atomismilla ei antiikin Kreikassa ollut suurta kannatusta, herätti se 1600-luvun luonnontieteilijöissä suurta innostusta.

Bortoft argumentoi, että Kopernikus ei suinkaan keksinyt auringon asemaa planeettakuntamme keskuskappaleena ja sitä, että maa kiertää aurinkoa, minkään tähtitieteellisen havainnon perusteella, vaan puhtaasti loogisen päättelyn avulla.

Kopernikus itse kirjoittaa, että hän ihmetteli miten varhaisemmilla matemaatikoilla saattoi olla niin erilaisia lähtökohtia niiden teorioiden suhteen, joita he esittivät aurinkokunnan liikkeiden selittämiseksi. Erilaiset ptolemaiolaiset teoriat (eksentrisyys- ja episykliteoriat) selittivät taivaalla havaittavat ilmiöt yhtä hyvin (tai huonosti). Siksi hän sanoo nähneensä vaivaa tutustuakseen kaikkiin aikaisempiin filosofeihin, joiden kirjoituksia hän sai käsiinsä, olisivatko jotkut heistä ilmaisseet ajatuksia, että taivaan

---

[62] Ks. esimerkiksi J.V. Snellman: Akateemisesta opiskelusta, 1840.
[63] Bortoft 1996, s. 165.

sfäärien liikkeet ovat erilaisia kuin ne, joita kouluissa matematiikkaa opettavat olettivat.

Kopernikus kertoo sitten löytäneensä Cicerolta maininnan, että Niketus (Hiketas) oli uskonut maan olevan liikkeessä ja että Plutarkhos oli raportoinut samankaltaisista käsityksistä muilla kirjoittajilla.

"Tämän rohkaisemana myös minä rupesin ajattele-maan liikkuvaa maata, ja vaikka ajatus tuntui absurdilta, silti, kuten toisten ennen minua oli sallittu olettaa tiettyjä ympyröitä voidakseen selittää tähtien liikkeitä, uskon että minun annet-taisiin koettaa, josko olettamalla maalle jonkinlainen liike, saataisiin taivaallisten sfäärien kierrolle parempi selitys." [64]

Kopernikus huomasi, että jos maan oletettiin liikkuvan auringon ympäri, silloin planeettojen näennäiset liikkeet välttämättä seuraisivat siitä. Kuten Platon ennen häntä, myös Kopernikus epäili aistien välittämää kokemusta taivaankannen ilmiöistä. Sen sijaan hän tukeutui järkensä välittämään tietoon maan liikkumisesta - silläkin uhalla, että se näytti olevan ristiriidassa aistien välittämän kokemuksen suhteen.[65]

Vanha maakeskinen käsitys aurinkokunnasta oli perua vanhoista myytti-sistä kulttuureista. Sen perusluonne ei kuitenkaan ollut tilallinen, avaruu-dellinen kuva taivaankappaleiden sijainnista, vaan ennen kaikkea henkis-moraalinen kuva maailmankaikkeuden jumalallisesta rakenteesta tai-vaallisine enkeli-hierarkioineen, vainajien valtakuntineen ja ihmisen pai-kasta tässä kokonaisuudessa. Tämä eettis-moraalinen "myyttinen näkö-kulma" sisältyi myös Platonin ja Aristoteleen maailmankuvaan.

"Liikkuvalla maalla" taas ei ollut mitään tekemistä sen kanssa mikä oli ihmisen asema taivaallisten hierarkioiden joukossa. Silti se oli kuva, joka myös oli syntynyt antiikin Kreikan filosofiassa. Kun *tämä* kuva esitettiin tieteellisenä käsityksenä ihmisen kotipaikasta maailmankaikkeudessa, paikasta, joka ei ollut mitenkään erityinen muiden paikkojen joukossa, ei siihen enää liittynyt mitään myyttisten aikakausien jumalallisesta tai henkisestä maailmankäsityksestä, vaan nyt puhuttiin "planeetasta, tai-vaankappaleesta avaruudessa". Oli kysymyksessä *uusi tapa katsoa maailmaa.*

Se mitä Kopernikus esitti uutena tieteellisenä löytönä ei suinkaan ollut uutta havaintoaineistoa tietyille tosiasioille, vaan kyseessä oli uusi tapa

---

[64]   Thomas Kuhn 1957. The Copernican Revolution, s. 140.
[65]   Tämä ristiriita liittyy esimerkiksi siihen, että aisteille taivaankappaleet näyttävät vuorokauden kierrossa olevan liikkeessä maan ympäri, kun taas loogiselle päättelylle kyseinen liike on näennäistä ja on seurausta maan pyörimisliikkeestä oman akselinsa ympäri.

48

nähdä vanhat tosiasiat.

Giordano Bruno oli ensimmäinen, jolla tapaamme atomistisen maailmankuvan sellaisena kuin sen tänä päivänä tunnemme. Bruno oli yhdistänyt Kopernikuksen aurinkokeskisen teorian vanhaan atomistiseen näkemykseen tyhjiöstä, jossa atomit liikkuvat vapaasti. Hänen ajattelussaan kohtaamme ensimmäistä kertaa tutun kuvan auringosta tähtenä muiden tähtien joukossa äärettömässä tilallisessa avaruudessa. Brunosta tehdyt tutkimukset osoittavat, että hän oli hermeetikko ja hyvin perehtynyt uusplatonistisiin kirjoituksiin.[66]

Uuden ajan alun murrosvaiheessa esiintyy siten joukko merkittäviä persoonallisuuksia, joiden katsotaan aloittaneen modernin tieteellisen ajattelun. Tänä päivänä asia nähdään siten, että heidän tehtävänään oli aristotelisen metafysiikan ja keskiaikaisen taikauskon syrjäyttäminen ja uuden, havaintoihin pohjaavan, aistimaailman systemaattisen tutkimuksen tuominen tämän tilalle. Luonnontieteellisen impulssin innoittamat pioneerit kokivat aristotelisen tradition olevan jyrkässä ristiriidassa uuden kehittyvän tieteen, mutta myös uuden itsetajuisen tietoisuuden ja itsenäisen ajattelun kanssa. Tällä uudella ajattelulla nämä yksilöllisyydet pyrkivät ymmärtämään maailman ilmiöitä. Traditioon tukeutumatta he halusivat "ymmärtää ja oppia asiat itse".

Tarkempi tarkastelu kuitenkin osoittaa, että irrottautuessaan aristotelisesta metafysiikasta luonnontieteiden pioneerit omaksuivat huomaamattaan toisen, vielä vanhemman metafysiikan muodon – platonismin. Arthur Zajonc kirjoittaa:

> "Samalla hengenvedolla kuin he kirosivat 'mystisiä piirteitä' sisältävän menneisyyden tieteen, he pyhittivät omat metafyysiset, joskin materialistiset olettamuksensa. Näin he putosivat samaan kuoppaan, josta juuri iloitsivat päässeensä pakenemaan; fysiikan ja metafysiikan sekoittamiseen toisiinsa." [67]

---

[66]   Katso esim. F. A. Yates: Giordano Bruno and the hermetic tradition 1978.
[67]   Seamon, Zajonc 1998, s.16

5.3 Galilein aistimuslaadut ja Descartesin substanssi

Kuten luonnontieteiden tieteenfilosofian tarkastelun yhteydessä todettiin, katsotaan primaaristen aistimuskvaliteettien liittyvän välittömästi reaaliseen, todella olemassaolevaan aineen maailmaan. Sekundaaristen aistimuskvaliteettien taas todettiin olevan oman organisaatiomme subjektiivisia "reaktioita" todellisen aineen maailman aiheuttamiin ärsykkeisiin ja siten näennäisiä, ei-todellisia.

Aistimuslaatujen jakamiseen liittyy toinen todellisuuden jaotteluperiaate, jonka on saumattomasti katsottu kuuluvan modernin luonnontieteen perusajatuksiin. Tämä on aikaisemmin mainittu käsitys *karteesiolaisesta dualismista,* kahden erillisen substanssin, *aineen ja hengen* olemassaolosta. Siinä tieteelliset teoriat, tieteellinen tieto ylipäänsä, nähdään aina eri tason asiana kuin itse todellisuus, josta se on tietoa. Tietomme viittaa ulkoiseen todellisuuteen tai se vastaa asiain todellista tilaa ulkomaailmassa, mutta ei ole identtinen tämän todellisuuden kanssa.

Yleisesti on katsottu, että kyseisen dualismin toi tieteelliseen ajatteluun René Descartes. Hän epäili systemaattisesti kaikkia kokemuksiaan ja päätyi kuuluisaan johtopäätökseensä: (epäilen) ajattelen – olen siis olemassa. Ainoastaan ajattelustaan hän saattoi olla varma ja kaikkea muuta epäillä.

Descartesin vaikutusta on tässä se tapa miten aineen olemus on totuttu näkemään tämän päivän luonnontieteissä. Kirjassaan *Principia Philosophiae* Descartes esittää teoriansa *olevasta.* Hänelle aine, substanssi on tosiolevaa. Tosin Descartes tarvitsee Jumalan aineen luojaksi, mutta tultuaan luoduksi aine ei tarvitse muuta prinsiippiä olemassaolonsa edellytykseksi.

Descartes käyttää substanssista käsitteitä, jotka ovat tuttuja Aristoteleen filosofiasta, mutta antaa Aristoteleen substanssikäsitykselle päinvastaisen merkityksen. Kun Aristoteleelle substanssia primaarisessa mielessä olivat Jumala, taivaalliset intelligenssit, toimiva ihmishenki sekä lisäksi elementit (sen vuoksi, että hän käsitti ne eläviksi), muuttaa Descartes substanssin merkityksen käsittämään *materian, kuolleet kappaleet.* Tätä Descartesin tekoa kritisoi voimakkaasti mm. Leibniz.

Gottfried Martin[68] esittää ajatuksen, että Descartes näkee platonistis-aristotelisen "substanssin" (jolla Aristoteles viittaa jumalalliseen) 'atomis-

---

[68] Martin, Gottfried: General Metaphysics – Its problems and Methods, 1968

tisesta' näkökulmasta ja kääntää kuvan ylösalaisin, tehden substanssista (henki) ainetta (josta Aristoteles sanoo, että se tekee aistittavista yksilöistä vaikeasti määriteltäviä). Descartes kuitenkin pitää Aristoteleen "hengen" määritelmän; henkinen oli "substanssia primaarisessa mielessä". Siten *aineesta* tulee varsinaista *substanssia*. Tämän jälkeen Descartes esittelee mahdollisen tavan saavuttaa tietoa sellaisesta todella olemassaolevasta "substanssista" ja tämä osoittautuu kvantitatiivis-matemaattiseksi, rationaaliseksi metodiksi.

Näin Descartes sekottaa Aristoteleen tulkintaansa toisen antiikin filosofian perinteen – atomismin ja näkee Aristoteleen ajattelun tämän atomistisen filosofian värittämänä. Atomistisen ajattelun valossa Aristoteleen substanssi on ymmärrettävissä aineena eikä henkenä. Tämä ei kuitenkaan ollut Aristoteleen tarkoittama merkitys substanssille. Newton omaksui tämän atomistisesti värittyneen ajattelutavan osaksi tieteellistä perintöään ja hänestä lähtien on ollut vaikea epäillä sen oikeellisuutta tai sen soveltuvuutta maailman ilmiöiden selvittämisessä.

Kun varhaiset kreikkalaiset Platonin tavoin epäilivät kaikkia aistimaailman kokemuksia, epäilee moderni luonnontiede vain *osaa siitä*. Se jakaa aistimaailman sisällöt kahtia ja suhtautuu toiseen näistä (kvantitatiiviseen) naivin realistisesti, edellyttäen sen olemassaolon sellaisenaan, ja toiseen se suhtautuu epäillen ja vähätellen (kvalitatiivinen) julistaen sen näennäiseksi.

Matemaattis-kvantitatiivinen fysiikka, joka kehittyi uusplatonismin hedelmänä, on fysiikka, joka muuntaa kaiken inhimillisen aistikokemuksen kvantiteeteiksi, jotka voidaan ilmaista lukumäärinä ja lukusuhteina. Huomaamatta on jäänyt se, että maailma ei edellytä tietomme rajoittamista kvantitatiiviseen. Sen me teemme vapaaehtoisesti siksi, että näin tietomme on matemaattisessa muodossa esitettävää ja siten eksaktia. Eksaktia tietoa me tarvitsemme ennen kaikkea *tekniikkaamme*. Ihmisen luoman *tekniikan ulkopuolinen luonto* ei tätä vaatimusta meille missään esitä. Sen sijaan se näyttäytyy meille teknis-mekanistisen ajattelun valossa juuri sellaisena luontona, josta fysiikan oppikirjoissa saamme lukea.

Näin goetheanistinen filosofinen ajattelu yhtyy siihen yksipuolisen materialismin kritiikkiin, jota hermeneuttinen tieteenfilosofia kohdistaa luonnontieteellistä ihmistutkimusta kohtaan. Sama kritiikki voidaan kohdistaa traditionaaliseen luonnontutkimukseen yleisesti. Kvantitatiivisen tutkimuksen rinnalle (jota ei kritiikistä huolimatta ole syytä vähätellä) on mahdollista kehittää sekä ihmisen että luonnon kvalitatiivista tutkimusta.

5.4 Goethen fenomenologisesta asenteesta

Modernissa luonnontieteessä pyrimme näkemään "ulkoisen todellisuu-
den", jota meidän on "kuvastettava" teorioissamme. Fenomenologisessa
tarkastelussa lähdetään liikkeelle ilmiöistä. Se mitä fysiikka etsii "ulkoi-
sen todellisuuden" käsitteessään on fenomenologiassa ilmenevä maail-
ma – fenomeenit. Tällöin ilmiö on ymmärrettävä sanan holistisessa
merkityksessä.

Se mikä ilmenee aisteille välittöminä aistimuskvaliteetteina, ei Goethen
tarkoittamassa mielessä ole vielä fenomeeni. Hänelle todellinen feno-
meeni jatkaa olemassaoloaan ihmisen tietoisuudessa. Siellä se esiintyy
tiedostamistapahtumassa merkityksinä ja käsitteinä, samoin kuten se
ilmenee aisteille aistimuskvaliteetteina; väreinä, muotoina, ääninä, tuok-
suina jne.

Tämä ilmiön ilmeneminen ihmisen tajunnassa sekä aistimuksina että
merkityksinä kertoo meille, että "ilmiö" on monimuotoinen ja kehittyvä
asia, pikemminkin kuin se passiivinen havainnon objekti, jona se usein
ymmärretään empiirisissä tieteissä. Bortoft kutsuu ilmiön merkitys-
aspektia termillä "fenomeenin korkeampi kehitysvaihe". Ihmistietoisuus
ei sen mukaan ole peili, joka tuottaa mentaalisia vastineita todellisuu-
desta, vaan näyttämö, jolla ilmiöt jatkavat ilmenemistään täydelli-
semmässä muodossa tehden siitä, mikä ensin oli epätäydellistä (pelkkä
aistimuksellinen), jälleen yhtenäistä ja täydellistä.

Tämän mukaan todellisuus on aina kokonaisuus. Johtuu ainoastaan
omasta rakenteestamme, että alun perin yhtenäisen todellisuuden on
meissä jakauduttava näihin ilmenemisen muotoihin: aistimukselliseen ja
ideaaliseen. Tähän myös Rudolf Steiner viittaa Vapauden filosofiassaan:

> "Inhimillisestä rakenteestamme johtuu, että täysi todellisuus,
> oma minämme mukaan luettuna, ilmenee meille ensin kahtia-
> jakautuneena. Tiedostamistapahtumassa ylitämme tämän ja-
> kautumisen, havainnon ja ajattelulla kehitetyn käsitteen yhty-
> essä täydeksi todellisuudeksi."[69]

---

[69] Steiner 1960, s 77

52

Kuva. Vasemmalla korrespondenssiteorian mukainen käsitys tieteellisen tiedon ja todellisuuden suhteesta. Tietomme vastaa todellisuutta, mutta ei ole identtinen tämän kanssa. Oikealla fenomenologinen, ei-dualistinen näkökulma aistimuksen ja merkityksen suhteesta. Molemmat kuuluvat todellisuuteen, itse fenomeeniin, mutta ilmenevät ihmiselle eri teitä – toinen aisteille ja toinen mielelle.

Jokainen havainto pitää sisällään kognitiivisen aspektin. Tämä oli jo filosofi Kantin näkemys. Fenomenologisen filosofian perusajatuksia on se, ettei ole olemassa "objektiivisia, inhimillisestä käsitteenmuodostuksesta (teorioista) riippumattomia havaintoja ulkopuolisesta todellisuudesta".

Havainnoissamme tietoisuutemme on aina suuntautunut johonkin maailman objektiin. Tätä tietoisuuden suuntautuneisuutta Husserl nimitti intentionaalisuudeksi. Tämä "suuntautuneisuus" tai huomion kohdistuminen johonkin on tosiasiassa tietoisuutemme sisäistä aktiivisuutta, mutta olemme siitä normaalisti tietämättömiä koska tajuntamme täyttää tuolloin ulkoinen objekti eikä tietoisuutemme tarkoittava toiminta.

Tällöin näyttää siltä kuin havainnossa mukana oleva kognitiivinen aspekti tavoitettaisiin aistien avulla. Siksi sanomme, että: "havaitsemme puun". "Puu" ei kuitenkaan ole aistihavainto vaan idea! Se ilmenee aistimuksellisen yhteydessä, mutta aistimuksellista ovat vain esimerkiksi värit, äänet ja tuoksut sellaisenaan. Näistä syntyy kokonaisuus "puu" siksi, että mielemme tavoittaa havaitsemistapahtumassa myös merkityksen. Värit me näemme silmillämme, merkitykset näyttäytyvät mielellemme. [70] Kokonaisuus on siten puu, jolla on tietyt muodot ja värit. Tarvitsemme puun mielikuvan, jotta havaitsisimme tietyt värien ja muotojen yhdistelmät puuna.

---

[70] Vertaa Platonin ja Aristoteleen ilmaukseen: ideat näyttäytyvät "sielun silmille".

53

"Kaikkien tieteiden tulisi vakuuttua siitä, että niiden (tiedon-) sisältö on yksinomaan ajatussisältöä ja, että tämä sisältö ei ole missään muussa suhteessa havaintoon kuin siinä, että havainto-objekteissa niille ilmenee eräs erityinen käsitteellisen muoto." [71]

Ideaalisesta (käsitteellisestä) meillä on se naiivi kokemus, että tuotamme sen itse omassa mielellisyydessämme. Aistimukset kuvittelemme saavamme naiivissa mielessä 'todellisesta ulkomaailmasta'. Steinerin mukaan ideaalinen on, samalla kun se on omaa sisäistä tuotostamme, kuitenkin osa maailman objektiivista todellisuutta, yhtä välttämättä kuin sen ulkoinen, aistimuksellinen ilmeneminenkin.[72] Se ei vain tule ilmi ilman omaa aktiivista ajattelevaa toimintaamme. Mikäli ajattelumme ei ole aktiivista, ei ideaalinen välttämättä ollenkaan käy ilmeneväksi aistittavassa. Sanomme silloin, että aistittava on meille "käsittämätöntä", ei ymmärrettävää, kaoottista.

5.5 Dualismin harha ja sen hinta

Kuten intentionaalisuuden tutkimus on osoittanut, on tietoisuuden osuus havaitsemistapahtumassa ratkaiseva. Tämän vuoksi on aikaisemmin mainittu nykyihmisen tietoisuuden emansipaatio, "maailmasta erilläänolo" nähtävä *näennäisenä*. Owen Barfield toteaa, että kyseessä on puhdas illuusio![73]

Emme huomaa intentionaalisuuden vaikutusta siksi, että sen luonne peittyy havaitsemistapahtumassa fenomenologian osoittamalla tavalla. Todellisuudessa osallistumme kaiken aikaa ilmiöiden muodostumiseen, mutta emme ole tästä tietoisia. Koko hermeneuttis-fenomenologisen filosofian merkitys voidaan nähdä siinä, että se on kirkastanut ymmärrystämme tietoisuutemme rakenteesta ja osoittanut havaitsemistapahtuman toteutuvan aivan toisin perustein kuin mitä siitä traditionaalisen luonnontieteen piirissä usein ajatellaan.

Barfieldin mukaan riippuu tietoisuutemme intentionaalisista piirteistä, "organisoivista ideoista", minkälaiset luonnonilmiöt meitä ympäröivät tulevaisuudessa. Nykyihmisen tietoisuuden näennäinen erillisyys maailman todellisuudesta tarkoittaa, että tulevaisuuden luonnonilmiöt ovat

---

[71] Steiner 1984, s. 68.
[72] Tätä näkemystä Steiner perustelee filosofisissa pääteoksissaan
Totuus ja tiede sekä Vapauden filosofia.
[73] Barfield 1991, s. 142-143.

54

vaarassa kehittyä yhä enemmän sitä kohti, mitä tänään saamme lukea luonnontieteellisessä kirjallisuudessa. Emme ainoastaan ajattele, että maailma on materiaalinen paikka, vaan me alamme myös nähdä sen materiaalisena paikkana. Tämän valossa tiedeyhteisöllä on paljon vastuullisempi tehtävä luonnon ymmärtämisessä kuin mitä juhlapuheissa on koskaan ymmärretty ja tunnustettu.

5.6 Ideaalisen ilmeneminen aistittavassa

Alla olevassa kuviossa on mahdollista seurata sitä, miten intentionaalisuus toimii havainnoissamme[74]. Näemme siinä kuution, jonka etummainen sivu osoittaa joko ylös oikealle tai alas vasemmalle (harvemmin havaitsemme pelkän pintakuvion). Voimme mielemme mukaan, hieman harjoiteltuamme, valita kumman kuution kuviossa näemme. Kun havaitsemme toisen kuvioista, on sen "näkyminen" hämmästyttävällä tavalla tosiasia. Me todella näemme kuution, jonka etummainen sivu on esim. ylös ja oikealle.

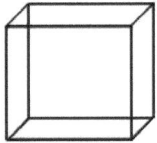

On huomattava, että kun kuvio sitten halutessamme muuttuu toiseksi, ei paperilla mikään muutu. Ajattelemme (luomme mielikuvan) vain toista tapausta ja sitten näemme kuvion sellaisena. Havaintomme riippuu pelkästään omasta tahdostamme nähdä kuvio juuri sellaisena kuutiona ja siitä, että meillä on mielikuva juuri tuosta kuutiosta.

On kuitenkin aina mahdollista "nähdä" ilmiön kokonaisuus asiayhteyteen sopimattoman käsitteen tai merkityksen valossa ja saada ilmiö näyttäytymään jonakin, mitä se ei todellisuudessa ole. Esimerkiksi tumman pensaan voi metsästäjä kaukaa katsoessaan nähdä etsimänään

---

[74] Hahmopsykologiassa on vastaavia ilmiöitä tutkittu jo vuosikymmenten ajan. Tulkinta on vain myötäillyt yleistä tieteellistä käsitystä ihmisen fysiologian ja tietoisuuden suhteesta.

hirvenä. Tämän johdosta fysiikassa ei usein huomata, että se minkä uskotaan olevan ulkoisen luonnon havaittava tosiasia, onkin todellisuudessa luonnosta muodostamamme teoreettiskäsitteellinen idea tai yleisemmin mielikuva, joskus vain ennakkoluulo. Tämä ilmenee aistein havaittavan yhteydessä ja muuttaa havaitun ilmiön toiseksi kuin mitä se olisi, jos taustalla vaikuttava, organisoiva idea olisi toinen.

Meidän ei tule ajatella, että "fysikaalisten kappaleiden" havainnot olisivat ikäänkuin raaka-ainetta, jota analyyttinen järki organisoi myöhemmin. Fysikaalisen kappaleen havainto on tietyn aistimusprosessin lopputuote, joka on jo ennen syntymistään "analysoitu".[75] Tätä "analyysiä" emme huomaa koska se piiloutuu kognitiivisen havaitsemisen intentionaaliseen luonteeseen. Tästä seuraa, että fyysikon havaintoon "ulkoisen maailman" objektista, joka ajatellaan "havaitsijasta riippumattomaksi", sisältyy koko joukko ideaalista ja teoreettista. Tämä on syy sille miksi fysiikassa teoriat ja mallit usein sijoitetaan ilmiön paikalle koska ajatellaan, että ne ovat varsinainen todellisuus verrattuna pelkkiin ilmiömaailman näennäisyyksiin.

Muinaiset kreikkalaiset näkivät tieteen tehtäväksi "fenomeenien pelastamisen".[76] Tämän päivän tiedeyhteisö pyrkii mielummin pelastamaan "reaalisen, fysikaalisen todellisuuden", koska sitä pidetään ilmiömaailmaa "todellisempana". Tämän vuoksi fyysikko pitää "partikkeleita" tai "sähkömagneettista säteilyä" sellaisena fysikaalisena todellisuutena, johon hänen tutkimuksensa on kohdistuttava. Hän ei tunnista niitä ideoiksi (merkityksiksi, joita hän on antanut ilmiöille ulkoa päin) koska tietoisuutemme intentionaalinen luonne peittää tämän näkyvistä. Ilmiön "partikkeli-luonne" syntyy siitä kun ilmiö nähdään "partikkeli-idean" näkökulmasta.

Luonnontieteilijä pyrkii siten tutkimaan "näennäisen" aistimaailman taustalla vallitsevaa "reaalista" fysikaalista maailmaa, joka on riippumaton ihmisen tiedostamisesta. Filosofiassa taas tunnetaan käsite "havainto per se", "havainto sinänsä", jolla tarkoitetaan aistimusta (aistimuskvaliteetin kokemusta) ilman mielellistä tai ideaalista komponenttia, ns. "puhdasta havaintoa". Fenomenologinen filosofia on osoittanut, että tällaista puhdasta havaintoa ei ihmiselle ole olemassa, koska kaikkeen aistimukselliseen liittyy aina välttämättä ihmistajunnassa myös kognitiivinen aines. Mikäli kognitiivinen aines puuttuu, ei aistiminen koskaan muodostu havainnoksi. Bortoft toteaa, että ainoa instanssi, jossa tiedämme tapahtuvan aistimuksia ilman mielellisyyden organisoivaa jäsentelyä, ovat patologiset tilat, jossa henkilö ei kykene tietoi-

---

[75]   Vertaa Niiniluodon kommentti Kantin ajattelusta sivulla 24.

[76]   Ks. esim. Duhem 1969.

56

suudellaan jäsentämään aistikokemuksiaan. Aistimuksellinen koetaan silloin kaoottiseksi.[77]

Juuri tätä "havaintoa sinänsä" luonnontieteilijä kuitenkin tarkoittaa kun hän puhuu tietoisuutensa ulkopuolella olevan todellisen fysikaalisen objektin "objektiivisista havainnoista" (objektin, joka on riippumaton tietoisuudesta ja kaikista tieteen teorioista). Luonnontieteilijän lähtökohta ei ole tässä edellytyksistä vapaa, koska hän ei tiedosta kognitiivisen toimintansa vaikutusta havaitsemistapahtumaansa eikä siten myöskään tutkimuksensa lopputuloksiin.

Tiedostavalle ihmiselle ei ole olemassa mitään ilmiömaailman "takana", vaan kaikki on annettu itse ilmiöissä. Tämä oli Goethen käsitys. Meidän ei tule keksiä "todellista maailmaa" ilmiöiden taustalle, sillä kaikki oleellinen on jo annetu ilmiömaailman kokonaisuudessa, joskin aluksi ikään kuin "avoimena salaisuutena".

Kokonaisuutta tai ilmiöiden objektiivisuutta emme löydä vielä siitä ensimmäisestä ilmenemismuodosta, joka tarjoutuu aisteillemme ja joka on oikeastaan abstraktio[78], vaan vasta siitä ilmiön täydellisemmästä muodosta, jossa se ilmenee mielellisyyden tai merkityksen kanssa. Kun mielellisyytemme toimii "havaitsevasti", silloin idea tai merkitys käy ilmiössä "näkyväksi". Tällöin on kyse itse ilmiöstä (ei aistimusaineksesta abstrahoidusta teoriasta), joka ilmenee tajunnallisuudelle merkityksenä.

Intentionaalisuuden näkökulmasta tarkastellen päätyy jossakin määrin häkellyttävään johtopäätökseen: emme ole tulleet materialistiseen käsitykseen konkreettisesta "partikkeli-maailmasta" aistikokemuksiin pohjaavien empiiristen havaintojen avulla (kuten naiivisti ajatellaan), vaan *metafyysisen idealisaation kautta*. "Materia" on idea, jonka avulla näemme ilmiöt materialistisina. "Materian maailma" on perimmäiseltä olemukseltaan idea tai käsite, ei aistihavainnon kohde. Tällä huomiolla ei tarkoiteta, ettei olisi olemassa mitään havaittavaa maailmaa. Meillä ei vain ole mitään syytä rajoittaa ajatteluamme sellaisiin "taustalla oleviin ideoihin" kuten "materia" tai "partikkelit". Mitä maailma on ja mitkä sen lainalaisuudet ovat, on kaikki löydettävissä ilmiöiden itsensä alueelta.

Voidaan tietenkin kysyä mitä eroa on niillä ideoilla ja merkityksillä, joita fysiikassa "nähdään", esim. "partikkelit", "atomit" jne, ja niillä mitä fenomenologi "näkee". Ero on juuri siinä, sallivatko nämä ideat ja merkitykset meidän pysytellä havaittavan piirissä vai edellyttävätkö ne jonkin uuden metafyysisen "todellisuuden" olettamista, joka on ilmiömaailman *ulkopuolella*.

---

77   Bortoft 1996, s. 53
78   "Abstrahere" = ottaa erilleen.

Yhä useammat tutkijat ovat päätymässä käsitykseen, että luonnontieteissä vallalla ollut näkemys ulkopuolisesta tai sivustakatsojahavaitsijasta, joka tekee objektiivisia havaintoja ulkoisesta todellisuudesta, sisältää perustavaa laatua olevan väärinkäsityksen siitä miten ihmisen tietoisuus toimii tiedon muodostumisen tapahtumassa.

Goethe oivalsi, että tieteissämme meidän ei tule etsiä jotain hypoteettista, kuviteltua "todellisuutta", vaan ilmiömaailman kokonaisuutta holistisessa mielessä. Ajatellen, että Goethe esitti tämän modernin fenomenologisen käsityksen jo kaksi vuosisataa sitten, kauan ennen Husserlin ja muiden fenomenologien esiintymistä, on vaikea ohittaa hänen kvalitaiivisen tutkimuksen pyrkimyksiään merkityksettöminä.

Goethen näkemys tieteellisestä tutkimuksesta lähtee liikkeelle ilmiöiden havaitsemisesta ja tarkoitus on, että tutkija pysyy ilmiöiden yhteydessä koko tutkimuksen ajan. Goethe oli kuitenkin huomannut, että havaitseminen tai näkeminen on kuvatulla tavalla ennakkokäsitysten ja teorioiden rasittamaa. Tehtävänä on siksi estää kaikkea ennenaikaista ilmiömaailmaan kuulumatonta teoretisointia sekaantumasta havaintoihin, vähintään tulla näistä 'luontaisista taipumuksistamme' tietoiseksi.

Goethelle tieteellisen tiedon varmuus ei voi syntyä sellaisten johtopäätösten empiirisellä tastaamisella, jotka on johdettu teoreettisista hypoteeseista, vaan ainoastaan aktiivisella sisäisellä osallistumisella ilmiömaailman tapahtumiseen itseensä. Goethen mukaan ilmiön taustalla vaikuttavaa ideaalista ei ole kuitenkaan mahdollista tavoittaa sen ensimmäisestä, aistimuksellisesta ilmenemismuodosta. Frederic Arminen mukaan[79] tässä on kyse Humen käsityksestä poikkeavasta kannasta kun tämä toteaa, että ideat muodostuvat enemmän tai vähemmän välittömästi ajattelussamme reaktiona ulkomaailman vaikutteille. Idean tai merkityksen ilmeneminen ei ole reaktio eikä vastaus ulkomaailman aiheuttamiin ärsykkeisiin, mutta se ei ole myöskään seurausta ilmenneen maailman rationaalisesta analyysista kuten Kant ajatteli.

---

[79] Armine: The metamorphosis of the Scientist, artikkeli teoksessa Goethe's Way of Science, 1998. S. 37.

5.7 Alkuilmiö ja menetelmä

Goethe pyrki tietoisesti *osallistumaan* ilmiömaailman tapahtumiseen kaikilla inhimillisen aistimisen ja tiedostamisen kyvyillään. Tutustuttuaan ilmiöön niin laajasti ja intensiivisesti kuin mahdollista, hän pyrki sisäisesti palauttamaan juuri aistimansa mieleensä, niin eloisasti ja täsmällisesti kuin mahdollista. Tätä "uudelleen visualisoinnin" tapahtumaa Goethe kutsui nimellä "exakte sinnliche Phantasie" (tarkka aistimuksenkaltainen mielikuvitus). Sen ja intensiivisen havaitsemisen tehtävä oli tuoda havaitsevaa laatua ajatteluun ja tiedostavaa laatua havaitsemiseen.

Kyse on mielikuva-aineksen tuomisesta "ulkoisen" aistimuksellisen ja "sisäisen", ideaalisen ymmärtämisen välille. Mielikuvat sijaitsevat ikään kuin aistimusten ja ideaalisen (käsitteellisen) välimaastossa. Mielikuvien avulla ihminen tekee ulkoisen maailman asioista sisäisiä elämyksiä, omakohtaisia kokemuksia. [80]

Goethe halusi löytää sellaisen kohdan luonnossa, jossa ilmiö esiintyisi yksinkertaisimmassa ja elementaarisimmassa muodossaan. Perusilmiönä, joka paljastaisi ne luonnon välttämättömät olosuhteet ja edellytykset, jotka aina tuottavat kyseisen fenomeenin ja joka selittäisi kaikki sille sukua olevat ilmiöt sekundaarisiksi siinä merkityksessä, että ne seuraisivat siitä tai olisivat selitettävissä sen avulla. Tätä ilmiötä Goethe kutsui *alkuilmiöksi (Urphänomen)*. Fysiikan tehtävä on Goethen mukaan etsiä luonnon alkuilmiöitä, jotka ovat havaittavan maailman piirissä ja samalla ovat havaittavan selitys.

Goethen metodin lähtökohta on toinen kuin matemaattisen fysiikan. Se on holistinen menetelmä, jossa ymmärtäminen ei ole niinkään havaitun selittämistä kuin "havaitsemistapahtuma", josta Goethe käytti termiä "Aperçu". Alkuilmiö ei siten ole luonnonlaki matemaattisen teorian muodossa vaan luonnonlaki tiettynä ilmiökokonaisuutena. Se ei vaadi muuta selitystä esiintymiselleen tai olemassaololleen. Se on ilmiökokonaisuus, jossa on havaittavissa myös merkitykset. Se on itsensä selitys ja teoria.

Goethe katsoi, että luonnontieteilijän tehtävä on seurata ilmiöitä muuntellen niiden esiintymistä vaihtelemalla kokeellisia olosuhteita. Pysytellen ilmiöiden äärellä ja visualisoiden niitä mielikuvituksessa, kognitiivisen havaitsemisen kyvyt heräävät tutkijassa. Goethen mukaan jokainen uusi objekti, jonka havaitsemme selvästi, herättää meissä uuden havainnon orgaanin.

---

[80] Tämä on syy sille miksi steinerpedagogiikassa annetaan niin suuri arvo lapsuuden mielikuva-kasvatukselle. Se on abstraktin käsitteellisen ajattelun esiaste ja kehittyvän ajattelun luovuuden ja elävyyden lähde.

59

Teorioiden ja teknisten instrumenttien sijasta tieteissä tulisi huolehtia tutkijan omien inhimillisten kykyjen, elävän ajattelun ja herkän aistimisen, havaitsemisen monipuolisesta kehittymisestä.[81]

Platonistisen ja atomistisen ajattelutavan päätyminen tieteiden perusteisiin on saanut aikaan nykyaikaisessa ihmisessä vieraantuneisuuden tilan – tilan, jossa ihminen kokee itsensä ulkopuolisena tarkkailijana, kuin maailmasta karkoitettuna.

Tajunnan intentionaalisen rakenteen paljastuminen on kuitenkin osoittanut tämän irrallisuuden tunteen olevan illuusio. Todellisuudessa ihminen kaiken aikaa osallistuu koko tajunnallisella olemassaolollaan ilmiömaailman rakentumiseen. Kun aistikokemukset herättävät meissä loputtomia kysymyksiä maailmasta, eristävät meidät maailman alkuperäisestä yhteydestä, palautuu tuo yhteys kun tavoitamme ideaalisessa vastaukset näihin kysymyksiin.

Goethen fenomenologinen lähestymistapa edustaa siten luonnontutkimuksen metodia, joka palauttaa ihmisen alkuperäisen osallistuvan yhteyden maailmaan. Se pyrkii osoittamaan, miten todellisuus rakentuu ihmisessä aistimuksellisen ja mielellisen dynaamisena vuorovaikutuksena.

Havaitsemamme tosiasiat muuttuvat aina sen mukaan mitä ajattelemme maailmasta. Filosofi Paul Feyerabendin sanoin: "Kun teoriat muuttuvat, silloin faktatkin muuttuvat." Modernilla kielellä ilmaisten, Goethen pyrkimys oli tutkijana tulla tietoiseksi tajunnan intentionaalisesta luonteesta; miten mielellisyys osallistuu aistihavaintojemme rakentumiseen, miten erilaiset esiolettamukset maailmasta muokkaavat tutkimustuloksiamme ja sen kautta maailmankuvaamme ja miten tutkijan tulee ottaa tämä huomioon tutkimuksen suunnittelussa, toteutuksessa ja tulosten tulkinnassa.

Goethe kirjoitti tammikuun 15. päivänä 1798 artikkelissaan Kokemus ja tiede[82]:

> "Ilmiöt, joita toisaalla kutsumme faktoiksi, tosiasioiksi, ovat oman luontonsa mukaisesti täsmällisiä ja määrättyjä. Toisaalta ne ovat ilmenevinä - ilmennyksinä usein epämääräisiä ja häi-

---

[81] Tähän (opiskelijan, opettajan, tutkijan) inhimillisten ominaisuuksien kehittämiseen on pyritty kiinnittämään erityistä huomiota Snellman-korkeakoulun pedagogiikassa.

[82] Kirjoituksesta: Erfahrung und Wissenschaft, teoksessa Johann Wolfgang Goethe; Farbenlehre, toimittaneet Gerhard Ott ja Heinrich O. Proskauer, Band 2, 4. Auflage, 1988. Verlag Freies Geistesleben GmbH, Stuttgart, ss. 132-134, suom. RR.

lyviä. Luonnontutkija etsii ensin mainittua ilmiöiden täsmällistä (universaalia) puolta ja pyrkii ymmärtämään sitä ja pitämään siitä kiinni. Yksittäisissä ilmiöissä hän kiinnittää huomiotaan, ei pelkästään siihen miten ne esiintyvät, vaan myös siihen miten niiden tulisi esiintyä." [83]

Goethe toteaa, että alalla, jolla hän on paljon toiminut, on useita empiirisiä ristiriitaisuuksia, joista tulisi päästä eroon, jotta saavutettaisiin 'puhdas ilmiö'; mutta heti kun näin tehdään, silloin esitetään jo eräänlainen ideaali.

Goethen mukaan on suuri ero sillä, jos toimii kuten teoreetikot, jotka hypoteesiansa puolustaen korvaavat empiirisen kokemusmaailman "kauneusvirheet" matematiikalla, tai jos kauneusvirheistä pyritään pääsemään eroon uhraamalla "puhtaan fenomeenin" idea.

Havaitsija ei koskaan havaitse puhdasta ilmiötä aisteillaan, vaan paljon riippuu hänen tajunnastaan, mielentilastaan (Geistesstimmung), aistielimen sen hetkisestä tilasta, valosta, ilmasta, säästä, kehosta, havainnon menetelmästä jne. Mikäli haluttaisiin pitäytyä ilmiön yksilöllisyydessä, havaita, mitata, punnita ja kuvata sitä, silloin olisi, kuten Goethe ilmaisee, "juotava kokonainen meri" tämän saavuttaakseen. Tällä hän viittaa induktiivisen menetelmän mahdottomuuteen.

Goethe kirjoittaa pysyneensä luonnonhavainnoissaan ja luonnontarkastelussaan, niin paljon kuin mahdollista uskollisena seuraavalle metodille. Kun hän oli jossakin määrin saanut kokemuksen ilmiöiden pysyvyydestä ja johdonmukaisuudesta, hän johti siitä eräänlaisen empiirisen lain ja asetti sen tulevien ilmiöiden perustalle. Mikäli tämä laki ja tulevaisuuden ilmiöt sopivat keskenään täydellisesti, hän katsoi onnistuneensa. Mikäli ne eivät sopineet, silloin hän koki olevansa pakotettu huomioimaan tarkemmin yksittäisiä ilmiöitä sekä etsimään uusia ehtoja, joiden vallitessa hän saattoi esittää ristiriitaiset kokeet puhtaammassa muodossa. Mikäli osoittautui, että aina tietyissä, samanlaisissa olosuhteissa ilmeni tapaus, joka soti hänen lakiansa vastaan, silloin Goethe katsoi joutuvansa ottamaan askeleen taaksepäin työssään ja valitsemaan "korkeamman" näkökulman tarkasteluihinsa. Tämä oli Goethen mukaan se kohta, jossa ihmishenki eniten lähestyy maailman olioita ja kohteita, tuodakseen ne itseään lähelle ja voidakseen liittyä niihin rationaalisella

---

[83] Ott ja Proskauer, Goethen väriopin toimittajat, toteavat, että tässä tutkija pitäytyy siinä mikä on ilmiöissä olennaista, välttämättöntä, ja erottaa siitä satunnaisen, epäolennaisen, empiirisen ristiriitaisuuden. Universaalinen ei ole Goethen tarkoittamassa mielessä fenomeenin vastakohta vaan ilmenevän ideaalinen puoli. Farbenlehre, osa 2. s. 132.

61

tavalla.

Goethe esittää kyseisessä artikkelissa kolme eri vaihetta tai tasoa fenomeenin esiintymiselle inhimillisessä tietoisuudessa:

1. Empiirinen fenomeeni, jonka jokainen ihminen havaitsee luonnossa.

2. Tieteellinen fenomeeni. Empiirinen fenomeeni on kohotettavissa tieteelliseksi fenomeeniksi kokeiden avulla, kun se esitetään toisenlaisissa, uusissa olosuhteissa ja uusien ehtojen vallitessa kuin missä se alunperin tunnettiin enemmän tai vähemmän sattunnaisesti empiirisenä fenomeenina.

3. Puhdas fenomeeni[84] on mahdollinen kaikkien kokemusten ja kokeiden yhteistuloksena. Se ei voi koskaan olla yksi irrallinen ilmiö, vaan se ilmenee aina ilmiöiden jatkuvassa seurannossa. Jotta puhdas fenomeeni olisi esitettävissä, määrittelee ihmishenki sen mikä empiriassa on vaihtelevaa, sulkee pois sattumanvaraisen, eristää epäpuhtaan, selvittää epäselvän sekä paljastaa tuntemattoman.

Näissä kolmessa määritelmässä Goethe naulaa menetelmänsä käytännöllisen merkityksen eräänlaisena teesinä tieteenfilosofian rakennuksen seinälle[85] :

"Tässä ei kysytä ilmiöiden taustalla vaikuttavia syitä, vaan ehtoja, joiden vallitessa ilmiöt esiintyvät. Tässä huomioidaan ja hyväksytään ilmiöiden johdonmukainen tapahtuminen, niiden ikuinen esiintyminen tuhansissa eri olosuhteissa, niiden erikoisuus ja muuntuminen. Tässä tunnustetaan ja ihmishengen kautta määritellään uudellen ilmiöiden todellisuus ja varmuus."

Väriopin toimittajat, Ott ja Proskauer kommentoivat tätä Goethen toteamusta: [86]

"Se, joka kulkee suoraviivaisesti ilmiöstä toiseen ja osa osalta liittää ilmiömaailman tapahtumia syyn ja seurauksen käsitteisiin, on sitonut itsensä yksipuoliseen käsittämistapaan (Vorstellungsart). Ilmiö ei tule selitetyksi sillä, että sen synnylle esitetään syy, joka on ilmiön ulkopuolella eikä sen sisäpuolella. Tämä johtaa ainoastaan ilmiöiden kulun historialliseen kuva-

---

[84] Vaikka Goethe käyttää nimitystä "puhdas fenomeeni", käy aikaisemmasta selväksi, että hän ei tarkoita pelkkää ilmiön aistimuksellista puolta, vaan sen aistimuksellista ja universaalia (ideaalista) kokonaisuutta.
[85] Goethe: Erfahrung und Wissenschaft, Farbenlehre, osa 2, s. 133.
[86] Ott, Proskauer, alaviite Farbenlehre, osa 2, ss. 133-134.

62

ukseen. On antauduttava sellaiselle ilmiön syvyydelle, josta on riisuttu pois epäoleellinen, sattumanvarainen ja sitten etsittävä ne ehdot, jotka ovat välttämättömiä, jotta olennainen tapahtuisi. Schiller moittii tätä syyn ja seurauksen tarkastelutapaan liittyvän näkökulman yksipuolisuutta kirjeessään Goethelle 19. tammikuuta 1798".

Goethe toteaa kirjoituksensa lopussa, että hän ei kutsuisi työtänsä ilmiöiden parissa "spekulatiiviseksi", sillä loppujen lopuksi on kyse ihmisen ymmärryskyvyn praktisista ja itseäänkorjaavista toiminnoista, joita uskalletaan harjoittaa korkeammalla tasolla. Ott ja Proskauer tulkitsevat Goetheä siten, että vaikka tieteille välttämättömät hengenkyvyt ovat vain korkeampia yleisen ymmärryksen muotoja, on jälkimmäisiä kirkastettava ja jalostettava mikäli niistä halutaan tieteelliselle toiminnalle hyödyllisiä kykyjä. Tällä perusteella Goethe etsii eräänlaista yleisen ymmärtämisen tai tiedon käsitteen kritiikkiä.[87]

5.8 Epäorgaanisen ja orgaanisen luonnon tutkimus

Goethe tekee eron epäorgaanisen ja orgaanisen luonnon tutkimuksen välillä. Kun seuraa hänen ajatuksiaan *epäorgaanisen luonnon tutkimusideaalista*, saa vaikutelman, että se muistuttaa modernia tieteellisen realismin suosimaa luonnontutkimusta sillä erotuksella, että Goethen lähestymistapa on "ilmiölähtöistä" siinä missä modernin luonnontutkimuksen voidaan sanoa olevan "teorialähtöistä".

Rudolf Steiner selvittää Goethen ajattelun lähtökohtia seuraavasti:

"Heitän kiven vaakasuorassa suunnassa. Se liikkuu rataa pitkin, jonka olemme kuvanneet linjalla *ll*'. Kun tarkastelen niitä vaikuttavia voimia, jotka tulevat tässä kysymykseen, silloin löydän; 1. impulssivoiman, jota käytin heittäessäni; 2. voiman, jolla Maa vetää kiveä puoleensa; 3. ilmanvastuksen aiheuttaman voiman.

---

[87]   Ott, Proskauer, alaviite Farbenlehre, osa 2, s 134.

63

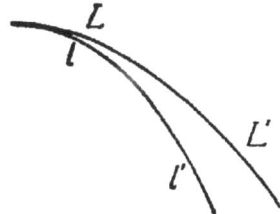

Tarkemmin asiaa pohtien huomaan, että kaksi ensimmäistä voimaa ovat lentoradan muodostumisessa olennaisia,[88] kun taas kolmas on epäoleellinen, sivuasia. Mikäli ainoastaan kaksi ensimmäsitä voimaa vaikuttaisi, silloin kivi kulkisi rataa *LL '*. Tämän radan löydän kun jätän huomioimatta kolmannen voiman vaikutuksen ja tuon vuorovaikutukseen keskenään ainoastaan kaksi ensimmäistä. Tämän asian tosiasiallinen toteuttaminen ei ole mahdollista eikä tarpeellistakaan. Ei ole mahdollista ohittaa kaikkea ilmanvastusta. Minun on sitä varten tavoitettava ainoastaan ajatuksellisesti molempien ensimmäisten voimien olemus, ja sitten asetettava ne kyseiseen välttämättömään suhteeseen keskenään myös vain ajatuksellisesti; silloin syntyy tuloksena sellainen lentorata *LL '*, jonka on välttämättä seurattava, kun ainoastaan kaksi voimaa vaikuttaa yhteen.

Näin ihmishenki ratkaisee kaikki epäorgaanisen luonnon ilmiöt sellaisina, joissa vaikutus näyttää välittömästi seuraavan välttämättömyytenä vaikuttavista tekijöistä. [...] Sellaista ilmiötä, jonka yhteydessä tapahtuman luonne käy välittömästi läpinäkyvällä tavalla ilmeiseksi kyseeseen tulevien tekijöiden luonteesta käsin, sellaista ilmiötä kutsumme *alkulmiöksi* tai *perustosiasiaksi*. Tämä alkuilmiö on identtinen objektiivisen luonnonlain kanssa." [89]

Luonnonlaki saa silloin muodon:

"Kun tämä tosiasia vaikuttaa yhdessä tämän toisen kanssa, silloin syntyy tämä ilmiö. [...] Kun kaksi erilämpöistä kappaletta tulevat kosketuksiin keskenään, silloin lämpöä virtaa lämpimämmästä kappaleesta kylmempään niin kauan kunnes lämpötila on molemmissa sama. [...] Sen, mikä matematiikassa,

---

88   Impulssivoima tietenkin lakkaa vaikuttamasta heiton tapahduttua, antaen kivelle ainoastaan vakionopeudella tapahtuvan vaakasuoran liikkeen. Tämän jälkeen kiveen vaikuttaa ainoastaan maan vetovoima ja ilmanvastus.

89   Steiner, 1984, ss. 90-91.

64

fysiikassa ja mekaniikassa ei ole pelkkää kuvailua, sen on oltava alkuilmiö." [90]

Steiner tarkoittaa tässä Goetheä seuraten, että alkuilmiö tavoitetaan mielellisyydessä, ajatuksellisesti kun kyseeseen tulevat tekijät saatetaan niiden luonteen mukaisesti suhteeseen keskenään. Tämä on täysin sopusoinnussa modernin fenomenologisen filosofian ja tajunnan intentionaalisuuden käsityksen sekä toisaalta modernin luonnontieteen periaatteiden kanssa. Luonnontieteellinen koe toteutetaan normaalisti juuri tässä merkityksessä kun ajatellaan, että kokeessa *välttämättömät ehdot* voidaan tutkijan valitsemana saada aikaan keinotekoisesti.

"Kokeen on tarkoitus vakuuttaa meidät siitä, että mikään muu tekijä ei vaikuta tiettyyn tapahtumaan kuin se mitä me olemme itse ottaneet huomioon. Esitämme tietyt edellytykset, joiden luonteen me jo tunnemme, ja sitten odotamme, mitä tästä seuraa. Tässä meillä on objektiivista, joka on samalla läpeensä subjektiivista. Koe on siksi todellinen välittäjä subjektin ja objektin välillä epäorgaanisessa luonnontieteessä." [91]

Goethe kutsuu tätä menetelmää Schillerin kanssa käymässään kirjeenvaihdossa *rationaaliseksi empirismiksi.*

Elävien organismien ymmärtäminen sen sijaan perustui Goethellä pyrkimykseen tavoittaa se, miten organismit *kehittyvät.* Tällöin oleellista on luonnonobjektin käsittäminen, ei suljettuna ja valmiina systeeminä, vaan "tulevana", "muodostuvana". Kaikkialla luonnossa tapaamme eläviä organismeja, jotka ovat jatkuvassa muuntumisen tilassa. Tämä muuntuminen poikkeaa pelkästä epäorgaanisesta passiivisesta muuttumisesta siinä, että elävä on aina sisäisesti aktiivinen, kun taas epäorgaanisen muutokselle on aina löydettävissä ulkoinen kausaalinen syy, vaikuttaja.

Steiner toteaa, että myös elävän kohdalla tavoitamme ulkoisia vaikuttavia olosuhteita, mutta: "Olosuhteilla voi toki olla tiettyjä vaikutuksia (elävään nähden), mutta aiheuttavia (erzeugende) syitä ne eivät ole." [92] Elävän luonnon kohdalla muuntuminen ja kehittyminen tapahtuu siten, että elävä ei reagoi ulkoisten olosuhteiden vaikutuksiin passiivisesti, kausaalisesti, vaan toteuttaen oman todellisuutensa aktiivisesti näiden

---

[90] Steiner, 1984, s. 93
[91] Ibid s. 94.
[92] Ibid, s. 101. Tarkoitetaan, että kyseessä ei ole kausaalinen syyseuraussuhde.

ulkoisten olosuhteiden vaikutuspiirissä.

Yleinen, joka toteutuu jokaisessa yksittäisessä elollisessa on ideaalinen, yleinen kuva organismista. Goethe käyttää siitä nimitystä *tyyppi*. "Tyyppi ei ole toteutunut missään yksittäisessä organismissa täydellisessä muodossaan. Ainoastaan järjellinen ajattelumme on kykenevä tavoittamaan sen yleisenä kuvana ilmiöissä. Tyyppi on siten organismin idea; eläimellisyys eläimessä, yleinen kasvi yksittäisessä kasvissa." [...] "Tyyppi on orgaanisessa maailmassa sitä, mitä luonnonlaki on epäorgaanisessa."[93] Luonnonlaki on jotain, joka lausuu julki aistimaailmassa erillisinä ilmenevien tosiasioiden välillä vaikuttavan yhteyden. Tyypin kohdalla meidän on annettava edessämme ilmenevän yksittäistapauksen *kasvaa* (elämän mukaisesti) esiin alkukuvastaan (yleisestä).

Steiner viittaa siihen, että kuten mekaniikassa, samoin organiikassa (elävän tutkimuksessa) on hypoteettisesti oletettava tietyt muodot, joissa tyyppi (ideaalinen organismi) muotoutuu, mikäli siitä halutaan saada rationaalinen tiede. Tämän jälkeen on osoitettava, miten nämä hypoteettiset muotoutumiset ovat johdettavissa aivan tiettyyn, havaittavissamme olevaan yksilölliseen muotoon.

Aivan kuten epäorgaanisen kohdalla palautamme yksittäisen ilmiön yleiseen lakiin, niin *kehitämme* tässä orgaanisen kohdalla yksittäisen muodon yleisestä muodosta. Aivan kuten mekaniikka on luonnonlakien systeemi, samoin on Goethen mukainen organiikka tyypin erilaisten kehitysmuotojen seuranto. Kuten mekaniikassa ideaaliset luonnonlait ovat luonnontiedon *sisältö*, samoin ovat tyypistä ajatuksellisesti johdetut muodot rationaalisen organiikan sisältö. Mekaniikan menetelmä on osoittava, kausaalisesti selittävä; kun tietyt olosuhteet vallitsevat, silloin tietty ilmiö tapahtuu välttämättömyytenä. Organiikassa menetelmäksi muodostuu "esiinkehittävä menetelmä".

Tyyppi on samalla täydellisempi perusilmiön muoto kuin epäorgaanisen maailman alkuilmiö – luonnonlaki, sillä se vaatii tutkivalta ihmishengeltä aktiivisempaa toimintaa ja osallisuutta tämän ilmenemiseksi kuin jälkimmäisessä tapauksessa. Intuitiolla (ideaalisen tavoittaminen aistimuksellisen yhteydessä samanaikaisesti) on tässä keskeinen merkitys. Intuition pohjalta tapahtuu myös hypoteesien keksiminen epäorgaanisessa luonnontieteessä.

> "Tietoisuutemme on siten tyypin tavoittaakseen toimittava paljon intensiivisemmin kuin luonnonlain tavoittamisessa. Sen on synnytettävä itsessään muodon ohella myös sisältö. Sen on

---

[93] Steiner, 1984, s. 103. On kiinnostavaa, että esim. anatomian oppikirjoissa esitetään kuvia *tyypillisistä* orgaaneista.

66

vastattava toiminnosta, josta epäorgaanisen luonnontutkimuksen yhteydessä huolehtivat aistimme ja jota kutsumme havainnoksi (Anschauung) [...] Arvostelukykymme on havaittava ajatuksenomaisesti ja ajateltava havainnonomaisesti. Olemme tässä tekemisissä, kuten Goethe ensimmäisenä on osoittanut, ihmisen havainnoivan arvostelukyvyn (anschauende Urteilskraft) kanssa." [94]

Goethen sanoma on, että intuitiivinen luonnontaju (havainnoiva arvostelukyky) kehittyy tutkijassa säännöllisessä kanssakäymisessä luonnonilmiöiden kanssa. Näin tapahtuu jokaisessa tutkijassa, joka lähestyy luonnonilmiöitä ilmiöistä käsin riippumatta siitä, onko hän nimellisesti fenomenologi Goethen tarkoittamassa mielessä tai ei.

5.9 Laadullisen tutkimuksen mahdollisuudesta

Vaikka moderni luonnontiede ei kiellä "intuitiivisen näkemyksen" merkitystä tiedon rakentumisessa, se ei ole löytänyt systemaattista, loogista menetelmää sellaiselle lähestymistavalle. Juuri tässä on Goethen merkitys. Luonnontutkimuksessaan hän on luonut käytännöllisen ja systemaattisen tavan uudistaa ihmisen osallistumista ilmiöiden muodostumiseen. Hänen kehittämänsä luonnontutkimuksen metodi esittelee komplementaarisen tavan lähestyä luonnonilmiöiden todellisuutta.

Bo Dahlin esittää neljä argumenttia[95], jotka perustelevat fenomenologisen tai goetheanistisen näkökulman opettamisen sisällyttämistä perinteisen matemaattis-kvantitatiivisen luonnontieteiden opetuksen rinnalle sekä peruskoulussa ja lukiossa että akateemisessa koulutuksessa.

Ensimmäinen argumentti koskee klassisen luonnontieteen ominaislaadun selkiinnyttämistä.

Kaikessa koulutuksessa tuntematonta tulevaisuutta varten on tarpeellista tarjota oppivalle ihmiselle vaihtoehtojen tai variaatioiden kokemuksia.[96] Tämä muodostaa perustan kyvylle erottaa ongelmatilanteiden

94   Steiner 1984, s. 110.
95   Dahlin 2002, ss. 189-200.
96   Opetuksen varioinnin merkityksestä Dahlin viittaa teokseen; Marton F., Booth S.: Learning and Awareness, 1997.

67

olennaiset piirteet, joka taas on edellytyksenä sille, että ihminen kyke-
nee toimimaan luovalla tavalla erilaisissa ongelmatilanteissa. Dahlin
siteeraa Applea, joka puolustaa tieteen sisäisten vastakkainasettelujen ja
ristiriitojen käsittelemistä myös opetuksessa:

"Tieteellinen argumentointi ja vasta-argumentointi muodostaa
suuren osan tieteellistä toimintaa. [...] Tämä vastakkainaset-
telu on keskeistä tieteen kehittymiselle, ja juuri tämä jatkuva
konfliktitilanne jää piiloon opiskelijoilta." [97]

Dahlinin mukaan opetuksessa käsiteltävät tieteen sisäiset konfliktit tuo-
vat opetukseen mukaan sitä variaatiota, josta yllä oli puhe. "Tieteen
ristiriitaisuuksissahan on juuri kyse yhden ja saman ilmiön erilaisista
tulkinnoista ja ymmärrystavoista." [98] Kyse on erilaisten tieteen para-
digmojen avoimesta esilletuomisesta opetusvaiheessa, oli sitten kyse
peruskoulun, lukion tai korkeamman asteen opetuksesta.

Dahlin toteaa tutkimusten[99] osoittaneen, että yliopisto-opiskelijoiden
peruskurssilaisilla on yleensä heikot käsitykset tieteenhistoriallisten, sosi-
aalisten ja kulttuuristen seikkojen vaikutuksesta tieteelliseen tutkimuk-
seen. Tämä johtuu siitä, että kouluopetus kuten myös yliopisto-opetus
on luonteeltaan vakiintuneen, eli "konsensustieteen" (ready made
science) esittämistä opiskelijoille. Vastakohtana tälle konsensustieteelle
Dahlin esittää sellaisen tieteen (science in the making) opettamista, jolle
on luonteenomaista sellaisten konfliktien ja ristiriitaisuuksien asetelmat,
jotka toteutuvat erilaisilla sosiaalisilla areenoilla sekä tieteen sisällä että
sen ulkopuolella.[100]

Dahlin viittaa myös Ryderin ym. tutkimuksessa esille tulleeseen, opis-
kelijoiden vahvaan uskomukseen siitä, mikä osuus empiirisillä faktoilla
on tieteellisten teorioiden todentamisessa. Fenomenologian näkökul-
masta olisi opiskelijan jo opiskeluaikanaan tarpeen saada käsitys siitä,
miten tajunnan intentionaalisuus ("organisoivien ideoittensa" kautta)
konstituoi sen mitä sanomme faktaksi tai teorian "todistukseksi".
Ryderin, Leachin ja Driverin kaltaiset tutkimukset viittaavat siihen, että
juuri opiskeluaikana muodostuvat yksilössä kaikkein jähmeimmät, usein
hyvin stereotyyppiset näkemykset tieteellisen toiminnan periaatteista.

Dahlinin mukaan Goethen fenomenologia lepää toisenlaisilla epistemo-

97 Kyseessä on teos; M.W. Apple: Ideology and Curriculum (2nd ed.) New York
   & London: Routledge, 1990, s. 90.
98 Dahlin 2002, s. 190.
99 Dahlin viittaa mm. teokseen Ryder J., Leach J & Driver R.: Undergraduate
   science student's images of science. Journal of Research in Science
   Teaching (1999) 36. s. 201-219.
100 Dahlin 2002, s. 152, 191.

68

logisilla ja ontologisilla perustoilla kuin traditionaalinen luonnontiede, mutta kyseiset perustat eivät ole tämän erilaisuutensa vuoksi vähemmän rationaalisia, ne ovat vain erilaisia. Dahlin näkee vakiintuneen tieteen teknologiset edistysaskeleet ainoaksi syyksi sille, että sitä pidetään enemmän "oikeana" tai totena.

"Teknologisen edistyksen arviointi perustuu kuitenkin usein tieteen ulkopuolisiin arvonäkökohtiin. Jos kulttuuriamme dominoivat arvot olisivat jotain muuta kuin teknologinen ja taloudellinen 'hyöty' – tai jos teknologinen ja taloudellinen järjestelmämme perustuisi toisille periaatteille – olisi käsityksemme siitä mikä on "oikeaa tiedettä" tosiasiassa toisenlainen kuin nyt." [101]

Toinen Dahlinin esille ottama argumentti koskee ihmisen vieraantuneisuutta ilmiömaailmasta.

Modernin ihmisen suhde luontoon on kaksijakoinen ja ristiriitainen. Luonnontiede esittää luonnon värittömänä, äänettömänä jne. Tekniikka ja talouden tarpeet muuttavat luonnon pelkäksi raaka-ainevarastoksi (bestånd). Toisaalta esteettiset tarpeemme kehoittavat meitä nauttimaan luonnosta niin "puhtaasti" ja "aidosti" kuin mahdollista. Emme voi myöskään kieltää, että luonnolla on tämä välittömiin aistimuskvaliteetteihin perustuva, olemassaolomme virkistävä puolensa. Silti tieteemme tuomitsee sen "subjektiiviseksi", "ei-todelliseksi". Seurauksena on, että yksilö joutuu välttämään näiden kahden alueen samanaikaista kokemista ja vieraantuu omasta kokemus- ja elämysmaailmastaan.

Dahlin osoittaa, miten nämä kaksi luontosuhdetta myötäilevät kahta näkemisen tai katsomisen tapaa, sitä miten silmä spontaanisti toimii näkemistapahtumassa: toinen on ns. kontrolloiva tapa ja toinen vastaanottava, antaumuksellinen tapa. Kontrolloiva tapa nähdä vastaa tieteellisessa ajattelussa käsitystä neutraalista, riippumattomasta havaitsijasta, joka on erityisesti luonnontieteissä vallalla ollut käsitys. Toista, vastaanottavaa, antaumuksellista tapaa nähdä käytetään erityisesti mediassa ja taiteessa. Dahlin toteaa, että tällä alueella kultivoidaan ja joskus hyväksikäytetään ihmisen subjektiivisia ja emotionaalisia kokemuksia esittämällä asiat sensaatiomaisin kuvin.

Dahlinin mukaan Goethe pyrki ylläpitämään tasapainoa näiden kahden näkemistavan: analyyttis-kontrolloivan ja antaumuksellis-vastaanottavan tavan välillä. Goethen metodinen "katsovan tai havaitsevan arvostelukyvyn" periaate (anschauendes Denken tai anschauende Urteilskraft) tarkoittaa, että pyritään ylläpitämään herkkää ja antaumuksellista avoi-

---

[101]   Dahlin, 2002, s. 193.

69

muutta sille mitä silmä itse tarjoaa ja *samalla* harjoitetaan täsmällistä ja kirkasta käsitteenmuodostusta ja tulkintaa siitä mitä nähdään.

Dahlin jatkaa, että analyyttis-kontrolloivan tavan mukainen tieteellinen ajattelu on kadottanut luonnosta sen olemuksellisuuden, essentian merkityksessä. Tämän vuoksi luonnolla ei ole yksilöllisyyttä eikä oikeuksia kuten ihmisyksilöllä. Sitä voidaan kohdella raakaainevarstona, hyödykkeenä, geenipankkina jne. Se, mitä ihminen tarvitsee luontosuhteeseensa Dahlinin mukaan, on yhteenkuuluvuuden tunne tai ykseyden kokemus oman tietoisuutensa ja luonnon välillä.[102]

Kolmas Dahlinin esittämä argumentti liittyy yksilön persoonallisuuden kehitykseen tai hänen sivistykseensä (personlighetsbildning).

Modernin luonnontieteen tukeutuminen teknisten mittalaitteiden tarjoamaan tietoon aistimaailman tosiasioista tarkoittaa toisaalta sitä, että ihmisen (tutkijan) omat aistikokemukset, aistielinten luonnollinen toiminta aistimistapahtuman perustana, ei ainakaan koulutuksen tuloksena pääse kehittymään. Tuloksena saattaa olla vähittäinen aistimisen rappeutuminen.

Goethen metodinen pyrkimys korostaa aistimisen merkitystä tiedostamistapahtumassa ja tarvetta elää hereisesti "nyt-hetkessä". Dahlin toteaa, että "eläminen nykyhetkessä" kuuluu osana sellaiseen sisäiseen kurinalaisuuteen, joka suuntautuu havaitsemiskykymme kehittämiseen.

Tämä tarkoittaa, että ihminen muuntaa elämänkokemuksensa ja kokemuksensa luonnosta sekä maailmasta intensiivisemmäksi; se tarkoittaa kohonnutta elämäntuntoa ja syvempää yhteenkuuluvuuden kokemusta luonnon kanssa. Tämä voidaan Dahlinin mukaan nähdä Goethen motiivina kehittää luonnontutkimuksen alueella aistimista ja aistien toimintaa. Luonnonilmiöiden jatkuva, tarkkaavainen havaitseminen ja seuraaminen muodostuu silloin "henkiseksi harjoitukseksi", joka ajan myötä opettaa meidät elämään intensiivisemmin hetkessä. Kun koulutuksessa huolehditaan tämän persoonallisen alueen kehittymisestä tutkijassa, ei teknisten mittalaitteiden käytössä voida nähdä mitään ongelmallisuutta.

Neljäs Dahlinin esittämä argumentti koskee ekologista näkökulmaa.

Traditionaalinen luonnontieteen opetus edustaa sellaista luonnontietoa, joka on samalla ekologisten kriisien taustalla. "Luonto" on ihmiselle pelkkä ulkoinen objekti, jota hän käyttää hyväkseen. Opetuksessa tulisi

---

[102] Dahlin 2002, s. 197.

nostaa esille sellaisia tiedon ja tietämisen muotoja, jotka rakentuvat ihmisen osallistumiselle luonnontapahtumiin, luonnon hallitsemisen sijaan.

Monet perinteiset, kulttuurisidonnaiset käsitykset luonnosta ovat rakentuneet ekologisesti terveemmälle pohjalle kuin esimerkiksi moderni tehokkuuteen panostava maa- ja metsätalous. Dahlin korostaa, että laboratorioperspektiivi luontoon on vain yksi mahdollinen. Koulutuksen tulisi saattaa opiskeleva ihminen tietoiseksi kaikista niistä tarkastelunäkökulmista, jotka ihmiselle ovat mahdollisia ja tarpeellisia.

5.10 Goethen fenomenologian suhde muihin tutkimustraditioihin

Edellä on viitattu luonnontieteiden platonistiseen luonteeseen ja siihen problematiikkaan, johon tämä matemaattis-kvantitatiivinen lähestymistapa on viime vuosisatoina johtanut ennen kaikkea ihmistutkimuksen alueella. Toisaalta on viitattu fenomenologis-hermeneuttisen tutkimustradition pyrkimyksiin ymmärtää sitä laadullista ilmiökenttää (elämän laadulliset ilmiöt, sielullinen, henkinen), jonka kvantitatiivinen luonnontutkimus ohittaa näennäisenä. Goethelta lähtöisin oleva fenomenologinen traditio edustaa nähdäkseni pyrkimystä yhdistää molempien edellisten tutkimusohjelmien parhaat puolet.

Yleinen väärinkäsitys on, että Goethen luonnontutkimus edustaisi jonkinlaista kuvailevaa, deskriptiivistä tarkastelua, joka ei varsinaisesti toisi uutta tietoa maailmasta ja ihmisestä. Toiseksi on esitetty käsitys (esim. Helmholtz) [103], että Goethen luonnontutkimus edustaisi lähinnä taiteilijan näkemyksiä tieteestä ja soveltuisi ehkä enintään taiteen tutkimuksen alueelle. Goethen oma pyrkimys oli alun alkaen ymmärtää ilmiömaailman tapahtumia osallistumalla niihin, riippumatta siitä olivatko ne epäorgaanisen tai orgaanisen, sosiaalisen tai kulttuurisen maailman tapahtumia. Erityisesti hänen omat intressinsä liikkuivat luonnontutkimuksen alueella. Värioppiaan hän itse piti kaikkein merkittävimpänä saavutuksenaan. [104]

---

[103] Ks. Rask 1999, s 42.

[104] Goethen värioppiin on fyysikan taholta suhtauduttu vähätellen. Sitä on Helmholtzin tavoin pidetty taiteilijan yrityksenä selvittää luonnonilmiötä, joita matemaattinen fysiikka hallitsee paremmin. Viimeaikaiset tutkimukset ovat kuitenkin osoittaneet, että Goethellä oli esittää syvällisiä ajatuksia modernin

71

Goethen fenomenologinen lähtökohta tarjoaa uuden näkökulman vanhoihin tunnettuihin tosiasioihin. Tarkasteltavat ilmiöt ovat samoja, joita tiede on eri alueilla tutkinut kautta aikojen. "Uusi" syntyy siitä, että kaikkiin kvantitatiivisessa mielessä "jo ratkaistuihin" ilmiöihin on mahdollista jäsentää kvalitatiivinen näkökulma. Kun kvantitatiiviseen jäsentyy kvalitatiivinen, syntyy komplementaarisia kuvauksia samasta todellisuuden alueesta. Kvanttimekaniikassa tämä on ollut tuttu tilanne jo vuosikymmenien ajan.

Kvantitatiivis-matemaattisen tutkimusperinteen rinnalle Goethen lähestymistapa tarjoaa siten fenomenologisen, ilmiökeskeisen menetelmän, joka pyrkii tavoittamaan kvalitatiivisen luonnossa, tekemään oikeutta ihmisen välittömille aistielämyksille ja palauttamaan luottamuksemme niihin. Samalla se osoittaa aistimuksellisen ja ideaalisen suhteen inhimillisen tiedon muodostuksessa.

Luonnontieteiden käyttämän kausaalisen syy-yhteyden lisäksi se näkee myös muita yhteyksiä ilmiöiden välillä. Ihmistutkimuksessa erityisesti on otettava huomioon yksilön "sisälähtöiset" pyrkimykset toiminnan motiivina. Tajunnan ilmiöiden yhteydessä kausaalisuhteet korvautuvat merkityssuhteilla. Myös luonnontutkimuksessa on esitetty muiden kuin "vaikuttavan syyn" hyväksymistä luonnontapahtumisen taustatekijöiksi.

Kallio-Tammisen mukaan Heisenberg ei epäröinyt kvanttifysiikan kokeellisten tulosten perusteella esittää,

"että fysiikan uudet tulokset antoivat uskottavuutta joillekin Aristoteleen ideoille. Hän ajatteli todennäköisyyden merkitsevän tendenssiä johonkin. Se oli tulkittavissa määrälliseksi versioksi Aristoteleen potentian käsitteestä. Se oli jotakin, joka sijoittui tapahtumisen idean ja itse aktuaalisen tapahtumisen väliin; outo fysikaalinen todellisuus pelkän mahdollisuuden ja reaalisen todellisuuden välillä."[105]

Goethen fenomenologinen tarkastelutapa nostaa esille Aristoteleen aktuaalisen ja potentiaalisen käsitteet värien tutkimuksen yhteydessä. Värioppi oli se alue, jolla Goethe kehitteli keskeisimmät tutkimuksensa periaatteet. Kun moderni fysiikka postuloi värien fenomenaalisen maailman taustalle "vaikuttavien syiden" joukon (sähkömagneettisen säteilyn ja esim. aineen molekyylirakenteen heijastusominaisuudet), pitäytyi

luonnontieteen filosofisista perusteista, joita vasta 1900-luvun tieteenfilosofia on pystynyt tavoittamaan. Ks. esim.: Dennis Sepper: Goethe Contra Newton, polemics and the project for a new science of color, Cambridge University Press, 1988.
[105] Kallio-Tamminen: Havaitsijan asema kvanttimekaniikan kööpenhaminalaisessa tulkinnassa; Tieteessä tapahtuu, no: 5/2000.

72

Goethe fenomenaalisen piirissä ja tarkasteli näkemistä kokonaisvaltaisesti tajunnan, silmän ja näkemiseen liittyvän väliaineen - ilman, havaittujen kohteiden materiaalien (pigmenttien) sekä vihdoin näkemisen mahdollistavan valon ja toisaalta pimeyden vuorovaikutuksena. Näkemisen yhteydessä esiintyvän väliaineen sameus (Trübe) oli käsite, joka liitti Goethen tarkastelun Aristoteleen pohdintaan läpinäkyvästä ja läpinäkymättömästä.[106]

Kun aikaisemmin totesin modernin luonnontieteen sisältävän platonistisia piirteitä, voi Goethen lähestymistavasta sanoa samaa. Myös Goethellä suhde ideaaliseen on realistinen. Ideat ja käsitteet ovat Goethelle osa todellisuutta, mutta täsmällisemmin aristotelisessa mielessä: aina aistittavan yhteydessä (yleinen ilmenee yksityisessä). Asiallinen luonnehdinta olisi todeta Goethen fenomenologian edustavan "modernia aristotelismia".

Se puoltaa monismia tieto-opillisena monismina. Tiedostamisemme toimii rakenteellisesti samalla periaatteella riippumatta ilmiöiden luonteesta. Jokaisen ilmiön kohdalla tavoitan todellisuuden kun aistimuksellisen aineksen lisäksi tavoitan sitä vastaavan idean, käsitteen. Toisaalta Goethen lähestymistapa puoltaa ontologisessa mielessä differentioitunutta pluralismia siinä, että jokainen uusi ilmiö edellyttää tutkijan sisäistä eläytymistä, muuntumista objektin ehdoilla sellaiseksi aistillissielulliseksi instrumentiksi, jolla (runollisesti ilmaisten) ilmiöt voivat soittaa omaa erityistä säveltään. Ilmiön "autenttisuus" riippuu kyvystäni käyttää monipuolisesti ja avoimesti kaikkia aistejani.

Vastaväitteenä voitaisiin reduktionistisen luonnontieteen taholta esittää, että ihmisaistit tavoittavat vain osan todellisuuden laajemmasta "ilmenemisskaalasta". Esimerkiksi ihmissilmän havaitsema "näkyvän valon alue" muodostaa vain erään osan kaikista mahdollisista säteilyn aallonpituuksista. Näkyvän valon kummallakin puolella on silmälle näkymätöntä, lyhytaaltoista ja pitkäaaltoista säteilyä. Silmä ei siten kertoisi koko totuutta ja olisi epäluotettava.

Fenomenologisen tarkastelun valossa tämä vastaväite ei ole loogisesti johdonmukainen. Siitä, että silmä ei havaitse kaikkea mahdollista säteilyä ei seuraa sitä, että se toimisi virheellisesti sillä alueella, jolla se on kykenevä aistimuksiin. Uusien havainnon mahdollisuuksien tarjoutuminen teknisten havaintovälineiden avulla merkitsee vain aistimuskenttämme laajenemista eikä mitään muuta. Myös näitä havaintoja vastaavat käsitteet on löydettävä, mikäli tahdomme päästä niiden kohdalla

---
[106] Aktuaalisen ja potentiaalisen merkityksestä goetheanistisessa luonnontutkimuksessa ks. Georg Maier: Gedanken zur Komplementarität, Elemente der Naturwissenschaft, Heft 1/58, 1993.

todellisuuteen. Oleellista on, että kaikilla niillä alueilla, joilla ihminen kykenee aistimuksiin, on mahdollista löytää näitä aistimuksia vastaavat käsitteet, jotka täydentävät pelkän aistittavan jälleen kokonaisuudeksi – todellisuudeksi.

Fenomenologiselle filosofialle pohjaavalle ihmistutkimukselle Goethen lähestymistapa tekee oikeutta, koska se korostaa välitöntä aistimuksellisuutta ja elämyksellisyyttä tiedon hankinnassa ja koska se tunnustaa kvalitatiivisen tutkimuksen tarpeellisuuden. Kuten filosofisessa antropologiassa yleensä, myös Goethen lähestymistapaan pohjaavassa ihmistutkimuksessa on ihmisen henkisyys itsetajunnan ilmiönä empiirinen, kokemuksellinen tosiasia – ei mikään spekulatiivinen idealisaatio.

Luonnontieteille tämä lähestymistapa tekee oikeutta, koska se näkee epäorgaanisen luonnon tutkimuksen perusteet modernin luonnontieteen edellyttämällä tavalla (tosin lisättynä vaatimuksella pitäytyä havaittaviin ilmiöihin!). Matemaattisessa formalismissa se näkee sellaisen *ajattelun ihannekuvan*, jonka tulisi kuulua kaiken täsmällisen ja johdonmukaisen inhimillisen ajattelun perustalle. Matemaattis-kvantitatiiviseen tutkimustraditioon se suhtautuu positiivisesti, koska se tunnustaa tämän tarpeellisuuden "kvantitatiivisen" tutkimisessa. Tutkimuskohteen luonteesta riippuu kuitenkin kumpi tutkimuksen traditio, kvalitatiivinen vai kvantitatiivinen, on kussakin tapauksessa adekvaatti - mahdollisesti molemmat.

Goethelta lähtöisin oleva fenomenologinen lähestymistapa sisältää myös käsityksen tutkijan vastuusta tieteellisen tiedon luomisessa. Ei ole yhdentekevää minkälaisia käsityksiä maailmasta tieteellisenä totuutena esitämme. Näillä käsityksillä on taipumus vaikuttaa siihen, minkälaisena maailman pitkällä tähtäimellä tulemme näkemään – havaitsemaan. Maailma muuttuu siksi, mitä siitä ajattelemme. Neljänsadan vuoden ajan olemme ajatelleet, että maailmankaikkeudessa on kyse materiaalisesta todellisuudesta – tänä päivänä me "näemme" ympärillämme puhtaasti materiaalisen maailmankaikkeuden.

Goethellä oli esittää systemaattinen tapa edellä mainitun tutkijan vastuun kantamiseen. Siihen kuuluu vastuu omien aistien kehittämisestä, niiden säilyttämisestä eloisina ja maailman eri laadullisuuksille avoimina ja herkkinä. Toiseksi on kyse tutkijan ajattelun kehittämisestä, sen elävyydestä ja joustavuudesta. Ajattelun tulee olla kuva todellisuudesta, yhtä moninainen, liikkuva, muuntuva kuin itse todellisuuskin. Tutkijan sisäinen muuntuminen tutkimuskohteen mukaan kuuluu keskeisesti tähän lähestymistapaan. Se on eettistä vastuuta tutkijan ja samalla maailman todellisuudesta.

Eetoksen sisältyminen tieteellisen tutkimuksen kokonaisuuteen on tullut

74

vastaan myös modernin fysiikan periaatteiden hahmotuksissa. Aikaisemmin mainitussa artikkelissaan Tarja Kallio-Tamminen tarkastelee kvanttifyysikko Niels Bohrin ajatusten pohjalta ihmisen ja hänen toimintansa suhdetta todellisuuteen:

"Klassisen fysiikan passiivinen havaitsija korvautuu Bohrin ajattelussa aktiivisella osallistujalla ja evolutiivisella vaikuttajalla, joka on syvässä yhteydessä ympäröivään todellisuuteen. Ihmisen tieto, arvot ja päämäärät vaikuttavat hänen toimintatapojensa kautta suoraan todellisuudessa ilmenevien mahdollisuuksien jakautumiin. Kun tietomme todellisuuden prosesseista kasvaa, voimme yhä enemmän vaikuttaa myös sellaisiin luonnon alueisiin, joita aikaisemmin pidettiin ikään kuin objektiivisesti annettuina ja ihmisen ulottumattomissa olevina. Lisääntyneisiin vaikutusmahdollisuuksiin liittyy kuitenkin lisääntynyt vastuu. Kun mekanistisen luonnonkäsityksen pohjalta ajateltiin usein, että voimme hallita ja manipuloida materiaalisen maailman deterministisiä prosesseja miten haluamme, kvanttimekaniikka teki selväksi syvän riippuvuutemme luonnon kokonaisuudesta. Toimintamme seuraukset näkyvät niin itsessämme kuin tulevissa olosuhteissamme." [107]

---

[107]   Kallio-Tamminen: Havaitsijan asema kvanttimekaniikan kööpenhaminalaisessa tulkinnassa, artikkeli Tieteessä tapahtuu lehdessä,no: 5/2000.

5.11 Värit – valon ja pimeyden taistelua

Valon ja pimeyden vastakohta värien tutkimisessa liittyy Goethen pyrki-
mykseen nähdä asioiden synty polaarisesti vaikuttavien voimien jännit-
teessä. Myös tässä hän seuraa Aristoteleen ajattelua. Aristoteles toteaa
teoksessaan Fysiikka:

> "Jos siis tämä on totta, kaikki syntyvä ja häviävä syntyy kon-
> traarisista vastakohdista ja häviää niihin tai niiden välissä ole-
> vista ja välissä oleviin. Välissä olevat puolestaan muodostuvat
> kontraarisista vastakohdista, kuten värit valkoisesta ja mustas-
> ta. Siten kaikki luonnostaan syntyvät ovat joko kontraarisia vas-
> takohtia tai niistä johdettuja." [108]

Onkin mahdollista nähdä, että Goethen tavalla ymmärtää prismaattisten
värien synty valon ja pimeyden yhteisvaikutuksena, eikä siten kuten
Newton oli asian esittänyt – pelkästään valon ominaisuutena, tällä on
yhteyksiä ikivanhaan ajatteluun.

Laajaan värioppia käsittelevään teokseensa, Zur Farbenlehre, Goethe oli
liittänyt värien tutkimuksen historiaa käsittelevän osan. Siitä selviää, että
hän oli perehtynyt perusteellisesti värien tieteelliseen tutkimukseen läh-
tien antiikista, läpi keskiajan aina Keplerin ja Deskartesin tutkimuksiin
asti. Ajatus polaaristen, vastakkaisia laadullisuuksia edustavien voimien
osuudesta luonnonilmiöiden muodostumisessa tunnettiin jo antiikin Krei-
kassa, Lähi-Idässä sekä Egyptissä ja Goethe oli tästä tietoinen. Valon ja
pimeyden yhteisvaikutus ei hänellä kuitenkaan ollut mikään tieteellinen
hypoteesi. Sen sijaan voidaan ajatella, että hän odotti ennalta näkevän-
sä muuta kuin mitä hän sitten tosiasiassa näki vilkaistessaan ensi kerran
prisman läpi. Tähän mitä ilmeisimmin vaikuttivat ne Goethen aikana
julkisuudessa esiityvät kansantajuiset tulkinnat Newtonin teoriasta, jotka
sanoivat: "Prismassa valkoinen valo hajoaa kaikkiin sateenkaaren värei-
hin".

Goethe oli saanut lainaksi muutamia prismoja, joita hänen aikanaan oli
vain harvojen käytössä. Kiireiltään Goethe ei kuitenkaan ollut ehtinyt
paneutua niiden tutkimiseen. Kun prismojen omistaja oli jo useasti
kysellyt prismojensa perään ja lopulta lähettänyt juoksupojan nouta-
maan ne takaisin, oli Goethe harmistuneena suostunut luopumaan niis-
tä, mutta vilkaisi kuitenkin ohimennen valkoista seinää yhden prisman
läpi ja huudahti: "Newton oli väärässä!" Valkoinen seinä näkyi prisman

---

[108]   Aristoteles: Fysiikka, I Kirja, 5. luku, s. 16.

läpi katsottuna edelleen valoiselta – ei mitään prismaattisia värejä. Kerrotaan, että prismojen omistajalta jäi tuossa vaiheessa prismat saamatta.

Myöhemmin Goethe tunnusti ymmärtäneensä Newtonin teorian tässä väärin, mutta tämä väärinymmärrys sai hänet tutustumaan prismaattisiin väreihin perusteellisemmin ja sen ansiosta hän saattoi kehittää värien fenomenologiansa.

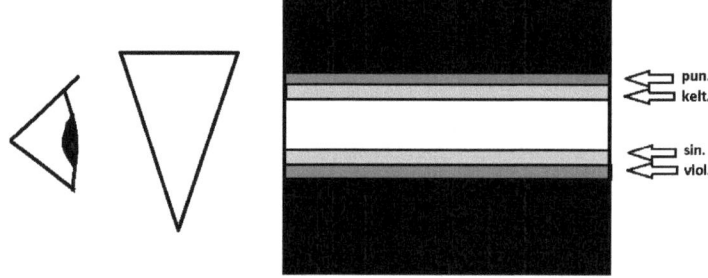

Reunavärit – perusilmiö prismassa.

Tutustuttuaan värien muodostumiseen prismassa tarkemmin Goethe päätyi huomioon, että värejä syntyy prisman läpi katsottaessa ainoastaan valkoisen ja mustan, vaalean ja tumman tai toisin ilmaisten, valoisan ja pimeän rajapinnalle ja vielä pareittain riippuen prisman taittavan särmän asennosta ja katsottavan kohteen tumman ja vaalean rajapinnan asennosta suhteessa prisman taittavaan särmään. Värit syntyvät pareittain: puna-keltainen ja toisaalta sini-violetti pari. Tämä *"reunavärien"* muodostuminen oli Goethen mukaan perusilmiö prismassa, ei se Newtonin esittämä jatkuva spektri, jossa keskellä on mukana vihreä väri. Vihreä syntyi Goethen mukaan sekoitusvärinä kun värit keltainen ja sininen vastakkaisista reunaväreistä sekoittuvat.[109]

---

[109] Olen käsitellyt Goethen prismaattisia kokeita kirjoituksessani: On the Phenomena of Rainbows – Goethe's Method of Science, Snellman-korkeakoulun julkaisuja, 2001, sekä blogissani: rainbowstudy.blogspot.com

5.12 Martin Heidegger ja olemisen tutkimus

Aivan viime vuosina on ilmestynyt uusia tutkimuksia antiikin esisokraattisten filosofien ajattelusta. Tähän lienee vaikuttanut osaltaan eksistenssifilosofin ja fenomenologin Martin Heideggerin kehoitukset palata filosofian alkuun ja siihen tehtävään, jonka hän tunnisti ajattelun tehtäväksi sen "ensimmäisessä alussa", mutta joka tehtävä seuranneessa metafysiikan filosofiassa jäi huomaamatta ja ohitettiin.

Kun filosofiassa on Aristoteleesta lähtien puhe todellisuudesta ymmärretty olevan todellisuutena, tulkitsi Heidegger esisokraatikoille tärkeäksi kysymyksen olemisesta sinänsä – ilman olevaa. Heideggerille kysymys oli perustasta. Mille olioiden olemassaolo ja ajateltavuus ylipäänsä perustuu? Mikä antaa perustan olioiden olemiselle. Tämän perustan Heidegger ymmärtää antiikin filosofeilla liittyvän juuri olemiseen sinänsä.

Teoksensa Perusteen periaate Heidegger aloittaa pohtimalla Leibnizin esittämää perusteen periaatetta koskevaa lausetta; 'nihil est sine ratione'. Se käännetään: 'mitään ei ole ilman perustetta'. Aina kun ihminen yrittää ymmärtää jotakin, hän etsii perustetta, jonka ansiosta pohdittava asia on juuri niin kuin se on.

> "Ymmärrys vaatii, että esitetyille väitteille ja oletuksille löytyy perustelu. Vain perustellut väitteet ovat ymmärrettäviä ja järkeviä.[ ] Kaikessa perustelemisessa ja perusteellisessa selvittämisessä suuntaudumme perustaan. Olematta siitä varsinaisesti tietoisia olemme jatkuvasti alttiina vaatimukselle ja kutsulle huomioida perusteet ja perusta."[110]

Nykyaikaisissa tieteissä tämä perusteen periaate on Heideggerin mukaan muuttunut ehdottomaksi vaatimukseksi toimittaa riittävä peruste kaikille miellettäville asioille. Tiukassa muodossaan Leibniz ilmaisee periaatteen:

> "Mitään sellaista ei ole olemassa, minkä riittävää olemassaoloperustetta ei voida toimittaa."[111]

Kun perusteen periaate oli uudessa luonnontieteessä näin ymmärretty yhdeksi ajattelun ja tiedon ylimmistä peruslauseista, sen voimistuvan vaatimuksen myötä kehkeytyi uusi tulkinta olevan olemisesta. Tästä lähtien oleminen paljastuu kohteen vastassa pysyvyytenä tietoisuudelle. Oleva ilmenee nyt *kohteena, objektina* tiedostavalle subjektille, ja tämä

---

[110] Heidegger, Perusteen periaate, s. 23
[111] Ibid, s. 70

78

ymmärretään perustaksi objektiivisen tieteen kehittymiselle. Ration, perusteen periaatteesta muodostuu vähitellen 'järjen' periaate, jonka Heidegger osoittaa edelleen 'laskemisen', 'laskettavuuden' periaatteeksi. Leibnizille perusteen periaatteessa kaikuu nyt antiikin ajoista poikkeava kaiku olevan olemiselle:

"Nyt ratio on näet principium, kaiken olevan olemisen kannalta ratkaiseva ja hallitseva vaatimus. Se vaatii toimittamaan selvi-tyksen sellaisen läpikotaisen laskelman mahdollisuudesta, jossa kaikki mitä on, on olevana laskettavissa."[112]

Näin Heidegger esittää matemaattisten luonnontieteiden taustalla vai-kuttavan mieltämistavan vakuuttavuuden muotoutumisen ihmiskunnan tietoisuuden kehityksessä.

Heidegger kuitenkin osoittaa, että perusteen periaate voidaan ymmär-tää toisinkin; "ruusu kukkii koska se kukkii". Ruusu ei tarvitse perustetta kukkimiselleen, se vain avautuu kukkimisen tapahtumiselle. Perustetta sille vaatii ainoastaan kukkimisen syitä ja periaatteita tavoitteleva mieltä-vä ihminen. Heidegger siteeraa Angelus Silesiuksen mietelausetta:

Die Ros ist ohn warum; sie blühet, weil sie blühet,

Sie acht nicht ihrer selbst, fragt nicht, ob man sie siehet.

Ruusu on ilman sitä miksi; se kukkii koska se kukkii,

Se ei huomioi itseään, ei kysy, näkeekö sen joku muu.[113]

Kukkiakseen ruusu ei tarvitse niiden perusteiden toimittamista, jotka ovat sen kukkimisen perusta. Toisin on ihmisen laita. Heidegger vihjaa, että "olemuksensa kätketyssä perustassa ihminen on vasta silloin toden-mukaisesti, kun hän on omalla tavallaan niin kuin ruusu: ilman sitä, miksi."[114]

Perusteen periaate sanoo perinteisesti ymmärrettynä jotakin olevasta - vuorista, meristä, taloista, puista, eläimistä ja ihmisistä; että *mitään* tästä olevasta ei ole *ilman* riittävää perustetta. Heidegger toteaa, että on toinen tapa "kuulla" tai lukea perusteen periaate, kun painotus lau-seessa: 'mitään ei ole ilman perustetta', laitetaan sanoille '*ole*' ja "*perustetta*': 'mitään ei *ole* ilman *perustetta*'. Silloin perusteen periaate sanoo jotain olemisesta, että olemiseen kuuluu jotenkin perusta. Ei niin, että olemisella olisi silläkin jokin perusta, vaan siten, että oleminen itse

---

[112] Heidegger, Perusteen periaate, s. 175
[113] Ibid, s. 73
[114] Ibid, s. 78

on perusta – se on perustavaa. Oleminen "on" olemukseltaan perusta. Oleminen perustaa kaiken olevan siten, että se itsessään vetäytyy, kätkeytyy mieltämiseltä, mutta tuo kaiken olevan etualalle, ilmeneväksi.

Heidegger siteeraa myös Goetheä luonnehtiakseen tätä toista tapaa 'kuulla' Leibnizin perusteen periaatetta. Hän toteaa, että "oleminen – joka on itse perusta – jää vaille perustetta, toisin sanoen siltä puuttu "miksi". Näin Goethe:

Wie? Wann? Und Wo? - Die Götter bleiben stumm!

Du halte dich ans Weil und frage nicht Warum?

Miten? Milloin? Ja Missä? - Ei jumalilta tieto kartu!

Siis älä kysy: miksi? Vaan koska, siihen tartu.[115]

Kun tieteissä on luonnollista kysyä 'miksi' ja 'miten', 'milloin' sekä 'missä', on kyse tilallis-ajallisten lainalaisuuksien selvittämisestä. Goethen 'koska' taas torjuu Heideggerin mukaan tutkimuksen, jota ohjaa miksi-kysymys, eli perusteen etsiminen. Se kieltäytyy perustelemasta ja selvittämästä asiaa perusteellisesti. "Koska" on ilman sitä, miksi. Sillä ei ole perustetta, se on itse perusta. Heidegger katsoo, että *olemisen sinänsä* ajattelu, sen ymmärtäminen on vasta alussaan ja tulevan, tulevaisuuden ajattelun tehtävä.

> "Meidän täytyy kuitenkin kysyä: miksi? Emme näet voi hypätä ulos nykyiseltä aikakaudelta, jota kauttaaltaan hallitsee toimitettavan riittävän perusteen peruslause. Samalla emme kuitenkaan saa luopua tarttumasta sanaan "koska" ja kuulemasta sitä sanaa, jossa oleminen on perusta. Meidän täytyy seurata kaikkea mieltämistä koskevan peruslauseen valtaa, mutta emme saa lakata pohtimasta, mikä olemisen sanassa saa aikaan jotain suurta."[116]

Heidegger jatkaa:

> "Perusteen periaatteessa kuuluu olemisen sanan puhuttelu. Puhuttelu on kuitenkin paljon vanhempi kuin vaatimus. [   ] länsimaista ihmistä on näet aina jo puhutellut olemisen sana, jonka mukaan oleminen on perusta. Ilman tätä puhuttelua ei olisi filosofian muodossa tapahtuvaa ajattelua. Ilman filosofiaa ei myöskään olisi länsimaista tiedettä eikä atomienergian vapauttamista. Puhuttelu, joka kuuluu perustaa koskevassa olemisen sanassa on kuitenkin äänetöntä verrattuna siihen mete-

---

[115] Heidegger: Perusteen periaate, s. 214
[116] Ibid, s. 217

80

liin, jolla peruslause kuuluttaa kaiken hälyttävää valtaansa."[117]

Heidegger palaa Goethen mietelauseeseen teoksen lopussa kun hän toteaa;

"Kaikki riippuu siitä, olemmeko hoitajia ja vartijoita jotka valvovat sitä, että olemisen sanan hiljaisuus voittaa äänen, joka kuuluu principium rationiksen, kaikkea mieltämistä koskevan peruslauseen vaatimuksessa.

[ ] Siis älä kysy: miksi? Vaan koska, siihen tartu.

Goethen sana on vihje. [   ] Vihjeet ovat vihjeitä vain niin kauan kuin ajattelu seuraa niiden opastusta pohtimalla niitä. Tällä tavoin ajattelu löytää tien, joka johtaa siihen mikä ajatteluperinteessämme on näyttäytynyt ammoisista ajoista saakka ajattelun arvoisena ja mikä samalla on verhoutunut."

5.13 Paluu antiikkiin, Parmenides ja varhaiset ajattelijat

Viitatessaan ajattelun "ensimmäiseen tehtävään" Heidegger kehoittaa kääntymään elealaisen filosofin Parmenideen puoleen. Luennossaan Ajattelun alkuperästä Heidegger toteaa:

"Parmenides antaa meille ensimmäisen vihjeen sille tielle, jolla ajattelun alkuperää tulee kysyä. Seuraava sanonta sisältää tuon vihjeen: "Ajatteleminen ja oleminen kuuluvat toisilleen."[118]

Heidegger tarkastelee kysymystä olemisesta jo kuuluisassa teoksessaan Oleminen ja Aika. Kuitenkin, vasta hänen tutkimuksensa esisokraattisista filosofeista, Herakleitoksesta ja Parmenideesta ovat avanneet "ajattelulle annettua tehtävää matafysiikan jälkeen". Esisokraatikoilta on säilynyt kirjoituksia ainoastaan fragmentteina, usein ei ollenkaan heidän omia tekstejään, vaan pelkästään myöhempiä kommentaareja. Herakleitoksen ja Parmenideen tekstit ovat fragmentteja, joita myöhemmät antiikin ajattelijat ovat täydentäneet omissa kirjoituksissaan. Heidegger

---

[117] Heidegger: Perusteen periaate, s. 217
[118] Heidegger, Zähringen seminar 1973, GA 15,pp. 401-407, suom. RR

81

toteaa, että koko filosofian historian ajan on tietty kysymys olemisesta jäänyt filosofeilta kysymättä. Jokin sellainen, joka esitettiin filosofian alussa, mutta joka sittemmin on unohdettu. Tästä kysymättömyydestä johtuen, ei filosofiassa päästä eteenpäin ja samasta syystä ollaan modernissa tieteellisessä kehityksessä matkalla kohti syvenevää yksipuolisuutta ja vieraantuneisuutta todellisuudesta.

Tämä unohdettu kysymys on Heideggerin mukaan kysymys *aletheiasta* – olemisen olemisesta. Heidegger viittaa esisokraattisen filosofin, Parmenideen runoon "Luonnosta", jossa tämä kertoo kokemuksestaan elealaisten mysteereiden oppilaana. Parmenides kuljetetaan Auringon tyttärien ohjastamissa vaunuissa Yön jumalattaren luo, joka ottaa kuolevaisen Parmenideen suopeasti vastaan kuolemattomien asuinsijoille. Jumalatar opettaa Parmenidesta ymmärtämään niitä kahta tietämisen tapaa, jotka ovat mahdollisia ihmiselle. Ensimmäinen, Olemisen, aletheian tie, on ainoa todellisuuteen johtava tie – kuolemattomien jumalten tie. Se on Parmenideen mahdollista oppia siksi, että hän on mysteereiden oppilaana (kouros) muuntunut sisäisesti (transformaatio) ja saavuttanut kyvyn seurata jumalattaren opetusta.

Toinen on "olevan" tie, jolla kuolevaiset vaeltavat ollen milloin mitäkin mieltä; "sillä epäily ohjailee heidän harhailevaa ajatteluaan rinnassansa, siten että he kulkevat typertyneenä kuten kuurot tai sokeat ihmiset". Tämä on doksan, eli luulon, mielipiteen tie. Jumalatar kuitenkin korostaa, että molemmat tiet on Parmenideen tarpeellista oppia – myös doksaattinen tietämisen tapa, vaikka se on harhainen aletheian tiehen verrattuna. Parmenideen runon jumalatar kertoo, että doksaattisen tiedon tiellä kulkeminen ei ole ongelmatonta, vaikka se on juuri kuolevaiselle ihmiselle sopiva tie. Hän myös opettaa, missä kuolevaiset erehtyvät tällä tiellä kulkiessaan. Tämä kohta runossa on herättänyt tutkijoissa erilaisia tulkintoja. Jumalatar on juuri päättänyt kuvauksensa aletheian tiestä ja siirtyy kuvaamaan doksan tietä. Yleensä tämä kohta runossa käännetään seuraavasti:

> "Tähän päätän uskollisen puheeni ja ajatukseni totuudesta. Tästä eteenpäin opi kuolevaisten mielipiteet, (ja) kuuntele tarkkaan sanojeni hämmentävää neuvoa. Kuolevaiset ovat päättäneet mielessään puhua kahdesta muodosta, *joista toista he eivät olisi saaneet nimetä*, ja siinä he joutuvat harhaan totuudesta."[119]

---

[119] Fragments of Parmenides, translated by John Burnet, https://en.wikisource.org/wiki/Fragments_of_Parmenides, suom. RR

82

Tämä tulkinta johtaa sellaiseen aistitodellisuuden ymmärtämiseen, josta myös nykyaikainen luonnontiede puhuu, ja jonka mukaisesti juuri prismaattisten värien synty nähdään seurauksena valon (sähkömagneettisen säteilyn) eri aallonpituuksien taittumisesta prismassa eri suunnassa ja ilmenemistä ihmiselle väreinä. Pimeydellä ei ole tässä tulkinnassa mitään osuutta.

Shaul Tor esittää toisen tavan tulkita tätä epäselvää kohtaa Parmenideen runossa:

"he päättivät nimetä kaksi muotoa, *joista ainoastaan toista (ilman toista) ei pidä nimetä.* Ja tässä he menevät harhaan, ja he erottivat vastakohdat toisistaan niiden ilmennyksen perusteella."[120]

Tässä jälkimmäisessä tulkinnassa kuolevaiset menevät harhaan, koska he soveltavat Torin mukaan aletheian, jumalallisen logiikkaa doksan eli aistitiedon alueella, jota ei pidä tehdä.

Parmenideen runon jumalatar jatkaa:

"He ovat asettaneet vastakkaisen substanssin kummallekin, ja toisistaan erilliset piirteet kummallekin. Toiseen he liittävät taivaallisen tulen, valon, ohuen, joka suunnassa saman kuin itsensä, mutta ei saman kuin (se) toinen. Toinen on vastakkainen sille, pimeä yö, kompakti ja raskas kappale. Nyt kerron sinulle koko asetelman siten kuin se näyttäytyy ja on sopiva ihmisille, jotta kukaan kuolevainen ei ylittäisi sinua tietämisessä.

Nyt kun kaikki asiat on nimetty valoksi ja yöksi; ja asiat, jotka kuuluvat kummankin vallan alaisuuteen on liitetty näihin, nyt *kaikki on samalla täynnä valoa ja yön pimeyttä, molemmat saman arvoisia,* koska kummallakaan ei ole tekemistä toistensa kanssa."[121]

Nämä kaksi vastakohtaista muotoa, vastakohtaparia olivat niitä esisokraatikkojen universaaleina pitämiä doksaattisen maailman prinsiippejä, 'arkhe', joista kreikkalaiset kuten muutkin varhaiskulttuurit ajattelivat aistitodellisuuden muodostuvan. Esimerkiksi valo – pimeys, kuuma – kylmä, kevyt – raskas, harva – tiheä, jne. Ne ovat pareittaisina vastakohtina identtisiä itsensä kanssa, mutta samalla eri kuin toinen. Doksaattinen todellisuus on näiden eriasteista sekoitusta – se ei koostu

---

120 Shaul Tor, Parmenides' epistemology and the two parts of his poem. s. 10, suom. RR

121 Tämä kohta näyttää puoltavan Torin tulkintaa, koska jumalatar tässä toteaa kaiken aistitettavan olevan nyt "täynnä valoa ja yön pimeyttä, molemmat saman arvoisia" ja juuri näin on hänen mukaansa "sopivaa ihmisille".

vain toisesta näistä, esimerkiksi pelkästään valosta, ilman pimeyden osuutta, kuumasta ilman kylmää jne. Jumalatar opettaa Parmenidesta ajattelemaan doksaattista todellisuutta näiden vastakohtaparien kautta. Tämä on oikea tapa doksan tiellä.

Jumalatar opettaa Parmenidesta ensimmäisestä tiestä, että ainoastaan se mikä ON, on ylipäänsä ajateltavissa. Se, mikä EI OLE, ei ensinkään ole, eikä sitä niin ollen voi edes ajatella ja siksi se on hylättävä. Ainoaksi oikeaksi tutkimuksen tavaksi aletheian maailmassa jää "se ON", Olemisen itsessään tie. On kuitenkin tärkeää ymmärtää, että aletheian kuvaus todellisuudesta ei ole mikään vaihtoehtoinen kuvaus samasta todellisuudesta, jota doksan tie kuvaa, vaan se on kuvaus Olemisesta sinänsä. Aletheian tiellä on kahdesta vaihtoehdosta valittava toinen (ON) ja hylättävä toinen (EI OLE), kun taas doksan tiellä on valittava molemmat vastakohtaiset vaihtoehdot (esim. kuuma ja kylmä) ja selvitettävä niiden suhteellinen osuus aistitodellisuuden muodostumisessa. Tämä on jumalattaren mukaan oikea toiminta doksan eli aistitodellisuuden maailmassa. Kun ajatellaan doksaattisen maailman periaatteen mukaisesti, ei voida samalla ajatella aletheian periaatteen mukaisesti – ja päinvastoin. Kuolevaiset menevät jumalattaren mukaan harhaan siksi, että he sekoittavat doksaattisen maailman tutkimiseen aletheian tien periaatetta – hyväksymällä toisen vaihtoehdon ja hylkäämällä toisen.[122]

$$* \quad * \quad *$$

Herakleitoksen kuuluisa fragmentti: "Ethos anthropos daimon" käännetään yleensä: "Ihmisen varsinainen olemus on hänen daimoninsa". (daimon = henki, ihmisen suojelusenkeli). Heidegger kuitenkin toteaa, että ethos tarkoitti muinaiskreikaksi myös asuinpaikkaa, paikkaa, jossa ihminen oleilee. Heidegger puhuu tämän paikan avoimuudesta, aukeamasta (Lichtung, clearing), jolle valo saattaa ylhäältä langeta ja viipyä ihmisen luona ja tulla hänen osakseen. Kyse on ihmismielen asuin- tai olinpaikasta, siitä "paikasta", jossa tietoisuudessamme, eli sisäisessä mielellisyydessämme elämme ja oleilemme. Tämän vuoksi Heidegger kääntää Herakleitoksen lauseen:

"Ihminen asuu, sikäli kuin hän on ihminen, jumalan läheisyydessä."

Heideggerille ethoksen ajattelu tarkoittaa siten ihmisen varsinaisen asuinsijan, olemisen aukeaman läheisyydessä asumisen pohdiskelua.

---

[122] Esimerkiksi näin: "Pimeydellä ei ole mitään tekemistä prismaattisten värien synnyssä. Ne selittyvät pelkän valon (sähkömagneettisen säteilyn) teorialla.

84

Heidegger puhuu myös kotiseudusta. Tässä merkityksessä kotiseutu tarkoittaa "olemisen ja jumalallisen läheisyyttä". Ihmisen asuinpaikka mahdollistaa sen läsnäolevaksi tulemisen, joka kuuluu ihmisen olemukseen. Herakleitoksen mukaan tämä on jumala. Tämän mielellisyyden paikan avoimuus kaikelle on se *perusta*, joka mahdollistaa todellisuuden lähestyä ihmistä, viipyä hänen luonaan ja tulla hänen osakseen. Ei kuitenkaan riitä, että ihminen on avoin todellisuudelle. Heideggerin mukaan tarvitaan jokin, joka myös on valmis ja avoin tarjoutumaan ajattelevalle ihmistietoisuudelle ajateltavaksi. Olemisen avoimuus itsessään on se perusta, joka mahdollistaa tapahtumisen (Ereignis) aukeamalla, jossa Oleminen ja ajattelu kohtaavat ja "kuuluvat toisilleen". "Aukeama" on jotakin, joka on sekä ihmisen mielellisyyden että sille tarjoutuvan todellisuuden tapahtumapaikka.

Heidegger ottaa kirjoituksissaan kantaa Parmenideen jumalattaren opetukseen toteamalla, että kaiken inhimillisen tietämyksen taustalla on aiemmin mainittu aukeama, jossa oleminen sinänsä ja inhimillinen ajattelu voivat kohdata ja "kuulua toisilleen". Ajattelun kuuluminen olemiselle on ajattelun kaipausta tulla olevaksi ja olemisen kaipuuta sille, että ajattelu paljastaisi sen, valaisisi sitä, ja toisi sen ilmenevän alueelle.

Myös Rudolf Steiner näkee ihmisajattelun ja todellisuuden suhteen vastaavalla tavalla:

> "Vasta tiedostamisen kautta saavutettua maailmansisällön hahmoa, jossa sen molemmat osoitetut puolet (välittömästi annettu ja sen käsitteellinen sisältö) ovat yhtyneet, voidaan nimittää todellisuudeksi. Olemme nähneet, että tiedossamme ilmenee todellisuuden ydin. Maailmankaikkeutta hallitseva lainalainen harmonia saa ilmauksen inhimillisessä tiedossa. Ihmisen kutsumukseen kuuluu siten siirtää maailman peruslait, jotka tosin vallitsevat kaikkea olevaa, mutta eivät itse koskaan tulisi oleviksi *ilmenevän* todellisuuden alueelle. Tiedon olemus on siinä, että siinä ilmenee objektiivisessa todellisuudessa muuten milloinkaan tavoittamaton maailmanperusta." [123]

Muinaisen kreikkalaisen ajattelutavan mukaisesti todellisuus on sitä, mikä on läsnä. Läsnäolo on avainsana aukeamassa. Läsnäolo viittaa johonkin yhteyteen ja Heideggerilla se on tavallaan tuo kaksisuuntainen avoimuuden tapahtuma ajattelun ja Olemisen sinänsä välillä. Tätä hän kutsuu Goethen tapaan "alkuilmiöksi" tai "alkuasiaksi". Alkuilmiö on itse itsensä selitys. Se ei kaipaa verifiointia itsensä ulkopuolelta. Oleminen sinänsä ei kuitenkaan tässä Ereignisin tapahtumassa, aukeamassa tule ajattelulle läsnäolevaksi, tiedostetuksi. Oleminen itse kätkeytyy, jättäytyy

---

[123] Rudolf Steiner, Totuus ja tiede, s. 47 ja 63

kaiken tietämisen perustana taka-alalle, jotta oleva; puut, kivet, kukat ja niityt, tähdet ja galaksit sekä ihmiset ym. voisivat tulla ihmisen tietoisuudessa etualalle, läsnäoleviksi. Oleminen (aletheia) on osallinen kaiken olevan läsnäoloon inhimillisessä tietoisuudessa sen perustana, mutta itse se säilyy poissaolevana. Näin on ymmärrettävissä, että Oleminen sinänsä osallistuu doksaattisen tiedon muodostumiseen kaikesta olevasta.

Kysymykseksi muodostuu nyt se, jos doksan maailmassa Oleminen sinänsä aina välttämättä kätkeytyy, mahdollistaakseen kaiken olevan läsnäolon inhimillisessä tietoisuudessa, olisiko silti mahdollista lähestyä kokemuksellisesti itse Olemista sinänsä? Jos aletheian tie on kuolemattomien jumalten tie, miten saattoi kuolevainen Parmenides kulkea sitä ja saavuttaa sen mukaista tietoa? Muinaisissa kulttureissa katsottiin, että ihminen on olemukseltaan kaksinainen, hybridi. Hänellä on kuolemassa häviävä aineellinen kehollisuus, mutta hänellä on myös kuolematon sielullisuus, joka jatkaa olemassaoloaan kuoleman jälkeen. Tämän kuolemattoman sielunsa ansiosta saattoi Parmenides muinaisen ajattelutavan mukaan suorittaa matkansa jumalattaren asuinsijoille ja kuulla hänen opetustaan. Tähän jumalattaren kohtaamiseen oli Parmenideen kuitenkin elealaisten mysteerien oppilaana (kouroksena) valmistettava sielullisuuttansa, läpikäytävä tietoisuutensa transformaatio - "tultava jumalten kaltaiseksi" niin paljon kuin se kuolevaiselle oli mahdollista. Jumalattaren kohtaaminen on siten ymmärrettävä muinaisten mysteerien tarkoittamassa mielessä yliaistisena tapahtumana. Tämä oli muinaisten kreikkalaisten käsitys.

Myös Alkmaion Krotonilainen, joka eli viidennellä vuosisadalla ennen ajanlaskun alkua, kirjoitti kahdesta tietämisen tavasta, aletheiasta ja doksasta:

> "Näkymättömistä, jumalallisista asioista täsmällistä tietoa on ainoastaan jumalilla. Mutta sikäli kun voidaan päätellä todistusaineistosta ihmisen kohdalla (eli mikä on aistein havaittavissa), useimmat niistä kulkevat pareittain. Siten näkökyvyllä me erotamme valkoisen mustasta ja suuren pienestä, korvilla erotamme hyvän sanan pahasta, hajuaistilla hyvän tuoksun inhottavasta, makuaistilla makean kitkerästä, ja kosketusaistilla sileän karkeasta."[124]

Lebedevin mukaan Alkmaion päätteli, että aistimusten duaalisuus heijastaa kaikkien aistittavien asioiden duaalista luonnetta eli, että kaikki

---

[124] Andrei Lebedevin artikkelissa: Alcmaeon of Croton on Human Knowledge, the Seasons of Life, and Isonomia: A New Reading of B 1 DK and Two Additional Fragments from Turba Philosophorum and Aristotle

kappaleet ovat muodostuneet vastakkaisista elementeistä tai 'dyna-
meista'. Tällainen tapa ymmärtää ero inhimillisen ja jumalallisen tietä-
misen välillä oli tyypillistä arkaiselle kreikkalaiselle filosofialle. Lebedev
lisää, että paitsi Alkmaionilla, se on löydettävissä mm. Ksenofaneella,
Parmenideella ja Herakleitoksella.

> "Kaikkien aistittavien ilmiöiden duaalisuus oli yleistä arkaisessa
> kreikkalaisessa metafysiikassa ja fysiikassa. Kuten Herakleitok-
> sella, myös Parmenideella ylivertainen jumalallinen tieto on sen
> tietämistä, että "kaikki on yhtä", ja että vähäarvoisempi ihmisen
> tieto koskee vastakkaisuuksia."[125]

Aristoteles puhuu vastakkaisuuksista Fysiikka-kirjassaan. Kaikki ymmär-
täminen ja tietäminen jokaisella tutkimuksen alueella riippuu ensim-
mäisten prinsiippien (arkhe) sekä syiden (aitia) tietämisestä. Aristoteles
huomauttaa, että kaikki aikaisemmat filosofit tekevät kontraarisista
vastakkaisuuksista ensimmäisiä prinsiippejä. Niitä ei voi johtaa toisistaan
tai mistään muusta, ja kaikki tulee johtaa niistä. Aristoteles laajentaa
tätä muinaista näkemystä vastakkaisuuksista fysiikka-teoksensa ensim-
mäisessä luvussa sanomalla:

> "Jos on olemassa mitään jumalallista, hyvää ja saavuttamisen
> arvoista, sanomme, että on myös olemassa tälle kontraarinen
> vastakohta, ja myös se, mikä haluaa ja tahtoo tätä vastakoh-
> taista luontonsa mukaisesti." [126]

Anaksimanderin katsotaan olleen ensimmäinen filosofi, joka pohti kysy-
mystä kaiken alkuperästä. Tätä alkuperää hän kuvasi ilmaisulla "rajoit-
tamaton", *apeiron*. Apeironin on yleisesti ymmärretty tarkoittavan jonkin-
laista alkukaaosta, joka on kantanut itsessään alkuolotilana mahdolli-
suuden sellaisten vastakohtaisuuksien synnylle kuten valo ja pimeys,
kuuma ja kylmä, kostea ja kuiva, ja joka ohjasi asioiden liikettä ja josta
kumpusivat kaikki ne maailmassa tavattavat muodot ja asioiden moni-
naisuus. Vielä tänä päivänä tuntuu luonnolliselta ajatella, että myös
omassa olemuksessammme kannamme näitä vastakohtaisuuksia eri
muodoissaan. Yleensähän ajatellaan, että ymmärryksellämme on ikään-
kuin valoluonne, se 'valaisee pimeyttä', tietämättömyyttämme. Meissä
ihmisissä löytyy molempia.

Kun Goethe sanoo, että prismaattiset värit syntyvät valon ja pimeyden
vuorovaikutuksessa, ei meidän tarvitse etsiä tälle esikuvia antiikin filo-
sofiaa kauempaa. Muinaiset kreikkalaiset taas mitä ilmeisimmin olivat
saaneet vaikutteita näille käsityksille vielä varhaisemmilta kulttuureilta ja

---

[125] Lebedev, em artikkeli
[126] Aristoteles, Fysiikka, I, 192a, 15

kansoilta.

Artikkelissa The End of Philosophy and the Task of Thinking Heidegger tulee vihjanneeksi vastakohtapareihin puhuessaan aukeamasta. Hän korostaa, että aukeama on vapaa kohta, joka on avoin sekä valolle että pimeydelle, mutta myös resonoinnille ja kaiulle, äänelle ja äänettömyydelle. Se on avoin kaikelle mikä on läsnäolevaa ja poissaolevaa.

Sekä Platonin että Aristoteleen filosofioiden katsotaan tänä päivänä kehittyneen ja perustuneen tiiviisti edeltäneiden runoilijafilosofien käsityksiin todellisuudesta. Aivan uusimmat tutkimukset näyttävät menneen vielä pidemmälle ja osoittaneen suoria yhteyksiä Platonin ja Aristoteleen ajattelussa persialaisten zarathustralaisuuteen ja manikealaisuuteen sekä kaldealaisiin ja egyptiläisiin vihkimystraditioihin. Molempien filosofiat ovat tulkintoja ja kommentteja varhaisemmista todellisuuskäsityksistä, nyt vain ilmaistuna sen uuden ja vapaan, itsensä varassa seisovan ajattelun voimin, joka heissä herää henkiin antiikin Kreikassa.

Tämän uuden ajattelun katsotaan alkaneen kreikkalaisissa siksi, että heissä oli herännyt kiinnostus aistimaailman kokemiseen. Ajattelulle tarjoutui tuolloin kuitenkin vielä varsin vähän "ajateltavaa" aistimaailmasta ja se sai sisältönsä vielä pitkään tradition kantamista myyttisistä maailmankäsityksistä. Muutos tapahtui juuri siinä, että antiikin ihmisen arkisen elämän kokemuksellisuus muodostui yhä enenevässä määrin aistimaailmaan liittyvistä kokemuksista.

Marcella Farioli kirjoittaa artikkelissaan; The Genesis of the Cosmos, the Search for the Arche and the Finding of Aitia in Classical Greek Culture:

> "Anaksimanderin esittämä vastakohtien tasapainon idea, joka oli saatu luonnonilmiöiden havainnoinnista tuli vahvasti vaikuttamaan myöhemmässä luontoa koskevassa ajattelussa. Thaleksen, Anaksimanderin ja Anaksimeneen käsitykset eivät muodosta varsinaista koulukuntaa, kuten me sellaisen ymmärrämme, eivätkä ne ole perua suoraan toisistaan. Lisäksi, kuten on usein pantu merkille, heidän näkemyksensä eivät ole kauttaaltaan alkuperäisiä: niissä on vaikutelmia Kreikan kosmogonisesta traditiosta ja viisausperinteestä, mukaanlukien ajatus siitä, että kosminen järjestys on eräs oikeuden muoto, aina itämaisiin spekulaatioihin ja myytteihin asti, jotka kulkeutuivat Jooniaan Persian kautta."

Aristoteles taas aloittaa Metafysiikka-teoksensa pohtimalla kokemuksen ja aistimusten osuutta viisaudessa;

"...emme pidä mitään aistimuksia viisautena, vaikka ne kaikkein eniten antavat tietoa yksittäisistä asioista. Aistimukset eivät kerro mistään asiasta, miksi se on, esimerkiksi miksi tuli on kuumaa; ne vain ilmaisevat, että se on kuumaa."[127]

Aloitus antaa odottaa, että Aristoteles on siirtymässä 'aistitiedosta' suoraan jonkinlaiseen aksiomaaattisen logiikan tarkasteluun, mutta hän jatkaakin tarkastelua arkaisista prinsiipeistä;

"Nyt käsittelemme kysymystä siksi, koska kaikki ajattelevat sen, mitä sanotaan viisaudeksi, koskevan ensimmäisiä syitä ja prinsiippejä....On siis selvää, että viisaus on tietoa joistakin prinsiipeistä ja syistä. Koska etsimme tällaista tietoa, on tutkittava sitä, millaisia ne syyt ja prinsiipit ovat, joita koskeva tieto on viisautta."[128]

Fysiikka-teoksessaan Aristoteles taas toteaa varhaisista filosofeista;

"Kaikki tekevät kontraarisista vastakohdista prinsiippejä: sekä ne, jotka sanovat maailmankaikkeuden olevan yksi ja liikkumaton (Parmenideskin asettaa prinsiipeiksi kuuman ja kylmän, joita hän kutsuu tuleksi ja maaksi), että ne, jotka olettavat ohuuden ja tiheyden.[ ] On siis selvää, että kaikki jollakin tavalla asettavat kontraariset vastakohdat prinsiipeiksi, ja tämä on myös luonnollista, sillä prinsiippejä ei pidä johtaa toisistaan eikä muista ja niistä on johdettava kaikki. Primaariset kontraariset vastakohdat täyttävät nämä edellytykset; niitä ei johdeta muista, koska ne ovat primaarisia, eikä toisistaan, koska ne ovat kontraarisia."[129]

Aristoteles viittaa aletheian mukaiseen tietoon sanomalla, että jumalallinen tieto on kaikkein arvokkainta ja, että tiede voi olla jumalallista kahdella tavalla:

"Tieteistä jumalallista on ensinnäkin se, joka on ennen muuta jumalalla, ja toisaalta se, joka koskee jumalallisia asioita. Vain tämä tiede täyttää molemmat ehdot, sillä kaikki ovat sitä mieltä, että jumala on yksi syistä ja eräänlainen prinsiippi ja että yksin jumalalla tai erityisesti jumalalla on tällaista tietoa. Kaikki muut tieteet ovat kyllä välttämättömämpiä, mutta mikään ei ole parempi."[130]

"On siis selvää, että meidän on hankittava tietoa ensim-

---

127 Aristoteles, Metafysiikka, I, 981b, 10
128 Ibid, I, 981b, 25 ja 982a
129 Aristoteles, Fysiikka, I, 188a, 20-30
130 Aristoteles, Metafysiikka, I, 983a, 5-10

89

mäisistä syistä, sillä sanomme ymmärtävämme kunkin asian silloin, kun ajattelemme tuntevamme sen ensimmäisen syyn."[131]

Tässä Aristoteles siirtyy esittelemään omia käsityksiään ensimmäisistä syistä, jotka ovat hänen uudelleen ajateltuja tulkintoja arkaisista prinsiipeistä, ja joiden on tarkoitus palvella hänen doksaattisen todellisuuden tarkasteluaan paremmin kuin vanhat prinsiipit;

"Syistä puhutaan neljällä tavalla. Niistä on yksi se, kun sanomme syyksi substanssia tai sen olemusta (sillä kysymys 'miksi' koskee pohjimmiltaan käsitettä, ja perimmäinen vastaus kysymykseen 'miksi' on syy ja prinsiippi); toisella tavalla sanomme syyksi ainetta tai substraattia, kolmannella tavalla sitä, josta muutos saa alkunsa, ja neljännellä tälle vastakohtaista syytä eli päämääräsyytä ja hyvää (sillä tämä on kaiken syntymisen ja muutoksen päämäärä). Olemme itse asiassa tarkastelleet näitä seikkoja tarpeeksi luontoa koskevissa kirjoituksissa, mutta ottakaamme nyt kuitenkin avuksi nekin, jotka ennen meitä alkoivat tutkia olevaista ja harjoittaa totuuden filosofista selvittämistä. On selvää, että myös he puhuvat joistakin prinsiipeistä ja syistä, joten heidän käsitystensä tarkastelu on hyödyksi omalle selvityksellemme. Löydämme niistä ehkä jonkun uuden syiden lajin ja saamme lisävahvistusta edellä mainitulle jaottelulle."[132]

Aristoteleen 'ensimmäiset syyt' (aitia) perityvyät siten varhaisempien runoilijafilosofien prinsiipeistä. Näistä esisokraatikoista taas tiedetään, että heidän pohdintansa kohdistuivat ja saivat sisältönsä vielä varhaisemmista Lähi-Idän, Babylonian, Persian ja Egyptin viisaustraditioista.

Phillip Sidney Horky kirjoittaa artikkelissaan: Persian cosmos and Greek philosophy: Platos assiciates and the zoroastrian magoi:

"Viimeisten viiden vuosikymmenen aikana tutkijat ovat olleet vähemmän kiinnostuneita tarttumaan persialaisen ajattelun tärkeyteen Platonin filosofian muotoutumiselle. On kuitenkin selvää, että ne Platonin seuraajat, jotka perivät Akatemian, katsoivat itämaisen viisauden harjoittajien, erityisesti zarathustralaisten maagikkojen ajattelun heijastaneen jotenkin Platonin ajattelun "totuutta" hänen kuolemansa jälkeen."[133]

Horkey pyrkii artikkelissaan osoittamaan, että kreikkalaiset tunsivat kaldealaisten ja persialaisten maagikkojen ajattelun jo Herodotuksen aika-

131 Aristoteles, Metafysiikka, I,983a,10,25
132 Ibid, I, 983a, 25- 983b,5
133 Philip Sidney Horky, Persian kosmos and Greek Philosophy, s. 98

na (485-425 eKr) ja että tämä tuntemus lisääntyi varhaisen Akatemian aikana. Hän pitää virheellisenä usein esitettyä käsitystä, että zarathustralaisuus tuli kreikassa tunnetuksi vasta Aleksanteri Suuren valloitusten jälkeen. Horky korostaa, että Plutarkoksen esittämä platonisoitu käsitys Ahuramazdasta, Angra Mainyusta ja Mithrasta kuuluisassa teoksessaan Isis ja Osiris saattaa olla peräisin vähän tunnetulta platonikolta Hermodorus syrakusalaiselta. Horky ehdottaa, että Platonin seuraajat uskoivat persialaisen ajattelun edeltäneen ja siten oikeuttaneen Platonin filosofian.

Kreikkalaisessa filosofiassa esiintyy ristiriitaisia käsityksiä persialaisista maagikoista. Esim. Herakleitos hyökkää maagikoita ja mysteereiden initioituja vastaan sanomalla, että he harjoittivat pyhiä rituaaleja epäpyhällä tavalla.

Kivikirjoitukset Zagros vuoristossa sijaitsevassa Bisitunissa nykyisessä Iranissa, kuvaavat maagikko Gaumataa, "valhetta" (Avestassa druksh), joka vastustaa "totuutta ja kosmista järjestystä" (Avestassa Asa), duaalisuus, joka ilmenee zoroastrisessa, 1000-600 -luvuilta eKr periytyvässä Yashna-traditiossa. (Vertaa doksa ja aletheia kreikkalaisuudessa).

Horky toteaa, että maagikko Gaumatan valhe ei ole ymmärrettävä valheeksi totuuden vastakohtana, vaan se on toimintaa, jossa esiinnytään jonakin muuna, joka itse ollaan. Valhe on tässä esiintymistä väärällä henkilöllisyydellä. Gaumata rikkoi kaikkia zarathustralaisuuden eettisiä lakeja jotka painottivat hyviä ajatuksia, hyviä sanoja ja hyviä tekoja. Herakleitoksen kritiikki maagikkoja kohtaan saattoi Horkyn mukaan johtua Gaumatan valheellisia poliittisia pyrkimyksiä vastaan.

Platon mainitsee "pahat maagikot" Valtio-teoksessaan, jossa Sokrates kertoo viekkaista, "tyranneita tekevistä maagikoista". Näillä pahoilla maagikoilla oli kyky suostutella ja houkutella yhteisön jäseniä moraalittomuuteen joka johtaisi onnistuessaan korruptoituneeseen oikeusjärjestelmään. Siksi Platon vastustaa kasvatusajattelussaan sofisteille tyypillistä, pahojen maagikkojen tapaista suostuttelevaa ja häikäisevää ylipuhumisen tapaa, jonka tarkoituksena on ainoastaan voittaa kansankokouksen jäsenten mielipiteet puolelleen totuudesta välittämättä.

Platon mainitsee "hyvät maagikot" Alkipiades-teoksessa, jossa kasvatus ja sen tehtävä oikeuden ja totuuden säilyttämisessä liitetään juuri persialaisiin pappeihin. Oikeus on persialaisen kasvatusajattelun keskiössä Ksenofaneen kuvauksessa. Sokrates kertoo Alkipiadekselle kuninkaallisista opettajista, jotka opettavat Persian kuninkaan poikaa. Parhaitten miesten joukosta valitaan neljä parasta; yksi viisain, yksi oikeudenmukaisin, yksi kohtuullisin, yksi rohkein.

Viisain opettaa pojalle Zarathustran, Hormuzin pojan maagista perintöä, jonka Sokrates sanoo koostuvan jumalten ja kuninkaallisten asioiden palvomisesta. Kohtuullisimman opettajan on tarkoitus opettaa pojalle halujensa hallitsemista kohtuudessa ja tulemista niistä vapaaksi kuten on kuninkaalle soveliasta. Oikeudenmukaisin opettaa totuudellisuuden taitoa.

Platonille tärkeä poliittinen toiminta ihannekaupungin ylläpitämisessä – politiisoinnin taito tai taide merkitsee samaa kuin persialaisille "kuninkaallinen taito tai taide", jota maagikot koulutuksessaan opiskelivat.

Myös Aristoteles viittaa näihin "hyviin persialaisiin maagikoihin" sanoen heidän uhraavan ja rukoilevan jumaliaan sekä pohtivan kysymystä oikeudenmukaisuudesta.

Plutarkos kirjoittaa mainitussa Isis ja Osiris -teoksessaan joidenkin uskovan, että on olemassa kaksi jumalaa, jotka ovat taidoissa toistensa kilpailijoita (vastustajia). Toinen on hyvien asioiden taitaja, toinen pahojen asioiden taitaja. Toiset kutsuvat näistä parempaa jumalaksi ja hänen vastustajaansa daimoniksi, kuten esimerkiksi tekee maagikko Zoroaster. Hän kutsui toista nimellä Horomazes ja toista Areimanius, ja osoitti, että edellinen oli samankaltainen kuin havaittavan alueella on valo, ja jälkimmäinen, tälle vastakkainen, oli samankaltainen kuin pimeys ja tietämättömyys, kun taas keskellä, näiden puolivälissä oli Mithres. Horomazes on syntynyt puhtaasta valosta ja Areimanius pimeydestä ja he käyvät sotaa keskenään.... Horomazes luo vielä kaksikymmentäneljä muuta jumalaa ja asettaa ne munaan. Myös Areimaneus luo vastaavan määrän vastajumalia. Luodut jumalat murtautuvat ulos munasta ja siten tapahtuu, että hyvät ja pahat asiat sekoittuvat toisiinsa.[134]

Täältä muinaisista luomismyyteistä periytyy käsitys aistimaailman, eli doksaattisen maailman koostuminen vastakohtaisista elementeistä valo – pimeys, kuuma – kylmä jne, ja niiden sekoituksista. Nämä käsitykset elivät yleisesti vanhoilla kulttuurikansoilla ja ne kulkeutuivat antiikin Kreikkaan naapurikansoilta. Kreikassa ne joutuivat sen uuden tietoisuuslaadun tarkasteltavaksi, joka ei enää elänyt näissä myyttisissä kuvissa, vaan uuden ajattelun kyvyn tavoittamassa mielellisyydessä. Platon ja Aristoteles loivat niistä käsitejärjestelmiä, jotka me nyt tunnistamme filosofisiksi järjestelmiksi. Sisältönsä ne kuitenkin saivat näistä varhaisemmista mytologisista 'järjestelmistä'.

* * *

---

[134] Kuvaus Phillip Sidney Horkyn artikkelissa: Persian cosmos and Greek philosophy: Platos assiciates and the zoroastrian magoi

Miksi Heidegger sitten katsoi tarpeelliseksi että nykyfilosofiassa tulisi pohtia kaksituhatta vuotta sitten vallinnutta tapaa ajatella todellisuutta? Miksi hän piti niin tärkeänä, että jotain tuossa ajattelussa täytyy nyky-aikana löytää uudelleen? Mitä on länsimaisen ajattelun historiassa Heideggerin mukaan tapahtunut, että olemme unohtaneet tuon hänelle niin paljon merkitsevän ajattelun, tai oikeammin, että emme tänä päi-vänä tiedosta sen kehittämisen tarpeellisuutta? Mitä me menetimme ja mitä saimme menetetyn tilalle – vai saimmeko mitään merkittävää?

Heideggerille 'alkuun palaamisen' tehtävä ei ollut uusien faktojen esit-täminen filosofian historiasta, vaan vanhan unohtuneen näkökulman esittäminen, näkökulman, joka nyt vasta omalla ajallamme voi antaa kokonaisvaltaisemman perustan länsimaisen ajattelun myöhemmän kehityksen ymmärtämiselle. Nimittäin sen ymmärtämiselle, että unoh-tamisen seurauksena kehittyi käsitys todellisuudesta, joka yksipuoli-suutensa johdosta väistämättä johtaa tämän todellisuuden käsittämis-tavan täyttymykseen ja tyhjiin raukeamiseen omalla ajallamme, lopputi-laan, josta Heidegger käyttää nimitystä destruktio. Tämä on meta-fysiikan ajanjakson aikakausi länsimaisen ajattelun historiassa ja se päättyi Heideggerin mukaan Hegelin ja Nietzchen filosofioihin.

Heidegger siis puhuu ajattelun uudesta tehtävästä, joka sille on annettu metafysiikan kauden jälkeiselle ajanjaksolle. Ajattelu ja filosofia eivät ole tulleet matkansa päähän, vaan niillä on uusi, uudelle aikakaudelle sopiva ja niiden omasta kehityksestä johtuva tehtävä. Tämä uusi alku on nyky-ihmisen löydettävä ajattelulleen, jotta kulttuurimme ei ajautuisi sellai-seen matematisoituneesta tieteestä ja tekniikasta seuraavaan sekasor-toon, jota Heidegger ennustaa teoksessaan Kirje Humanismista & Maailmankuvan Aika.

Lukijalle saattaa tässä vaiheessa herätä kysymys, onko tämän kirjan tarkoitus sanoa, että matemaattinen luonnontiede olisi hakoteillä ja että sen esittämä käsitys todellisuudesta olisi jotenkin virheelllinen? Tästä ei ole kysymys. Esimerkiksi moderni fysiikka fysiikkana on täysin hyväk-syttävä ja "oikea" näkökulma todellisuuteen fenomenologian kannalta. Se on vain ymmärrettävä erilaisena näkökulmana kuin mitä fenomeno-logia. tarjoaa.

Kvantitatiivis-matemaattisten tieteiden esitämä maailma on laskettu, kalkyloitu maailma. Fenomenologian maailma on maailma, joka on koet-tu, eletty.

6 FENOMENOLOGIA SNELLMAN-KORKEAKOULUN OPINNOISSA

Snellman-korkeakoulussa puhutaan *kokonaisvaltaisesta opiskelusta*, jossa tiedollisten, taiteellisten ja sosiaalis-käytännöllisten opintojen avulla pyritään huolehtimaan siitä, että "koko ihminen" osallistuu oppimistapahtumaan. Kaikilla kolmella alueella fenomenologinen asenne syntyy siitä, että asioita lähestytään ilmiökeskeisesti, siten kuin ne ilmenevät ihmisen kokemusmaailmassa.

Opintojen keskeinen tavoite yksilön kannalta on elävän, muuntumiskykyisen ja itsenäisen ajattelun, aistimisen herkkyyden sekä ilmiöiden ehdoilla tapahtuvan tutkivan asenteen kehittyminen. Pyrkimyksenä on saattaa opiskelija tietoiseksi tajunnan intentionaalisesta perusluonteesta sekä omasta ajattelusta vapaana, sisäisenä ja itseensä pohjaavana ymmärtämistä rakentavana toimintana. Esteettinen ja eettinen nähdään yksilön kokemusmaailman kokonaisuuden ja siten myös oppimistapahtuman keskeisinä tekijöinä.

6.1 Tiedolliset opinnot

Tiedollisissa opinnoissa korostetaan *oman itsenäisen ajattelun* kehittämistä. Opintokokonaisuuksien tiedollisen aineiston omaksumisen ohella (tiedon tradition osuus) korostetaan *omien käsitysten muodostamista* annetusta opintosisällöstä.

Tietämisessä ei ole kyse pelkästään *tosiasioiden* oppimisesta. Ajatuselämän keskeisenä ominaisuutena voidaan nähdä *tahto totuudellisuuteen*. Tämä on eräänlaista eettisyyden ilmenemistä ajattelussa. Voidaan myös puhua ajattelun sivistyksestä. Sen käytännöllisiä tavoitteita ovat Skinnarin sanoin objektiivisuus, kohteenmukaisuus ja perusteltu näkemyksellisyys.[135]

Tiedolliset opinnot koostuvat yleissivistävien ja aineopintojen eri osaalueita käsittelevistä, jaksoissa tapahtuvista luennoista, niistä käytävistä keskusteluista, opiskelijoiden oman ajattelunsa pohjalta laatimista jaksotai kirjallisuusselosteista sekä tutkielmista ja tutkimuksista ja seminaarityylisestä pienryhmätyöskentelystä.

---

[135]   Skinnari: Arvokasvatuksen haaste opettajankoulutuksessa – Kohti eettisiä innovaatioita, artikkeli teoksessa; Honkamäki, Julkunen (toim.) Innovatiivinen yliopisto? Jyväskylän yliopiston koulutuksen tutkimuslaitos, 2000

6.2 Taiteelliset opinnot

Taiteellisten opintojen tehtävä Snellman-korkeakoulussa on herkistää ja täsmentää opiskelijan aistimista sekä vahvistaa luonnon ja ihmisen myötäelämistä, ylipäänsä kokemuksellisuutta.

Taiteellisuus on aistimisen, tunteen ja mielikuvituksen sivistystä. Kyse ei ole pelkästään taiteen tekemisen edellyttämien teknisten kykyjen hankkimisesta vaan esteettisyyden rakentamisesta osaksi sielunelämän kokonaisuutta. Pohtiessaan opettajuuden perusteita Skinnari toteaa, että "tunnesivistyksen kehittyminen ilmenee empaattisuutena ja esteettisyytenä. Näihin yltävää opettajaa voi sanoa 'sydämeltään sivistyneeksi'. Tulevaisuuden opettajan sivistyksessä tämä on ainakin yhtä tärkeää kuin 'pään sivistys' (totuudellisuus). Myös 'sydämen sivistys' kuuluu viisauteen." [136]

Taideopintoja harjoitetaan esimerkiksi piirtämisen, maalauksen ja muovailun, laulun ja musiikin, puheen ja draaman sekä eurytmian alueilla.

Koska kvalitatiivisen tutkimus edellyttää maailman laadullisuuksien tajua, edellä mainittua mahdollisuutta kokea laadullisuuksia, saa taide Snellman-korkeakoulussa myös tiedostavan tehtävän. Taide toimii silloin tutkimuksen menetelmänä. Erityisesti Snellman-korkeakoulun opettajat Ove Ek ja Kari Järvinen ovat luonnontarkastelu-jaksoissaan kehittäneet tätä taiteellisen työskentelyn tutkivaa aspektia.

Ek toteaa, että tässä opetusmenetelmässä on kyse havainnonteon aktivoimisesta, havaintoyhteyksiä hahmottavan ajattelun kehittämisestä sekä itsereflektoinnista osana tietotapahtumaa objektin mukaisen tiedon tavoittamiseksi. Perusedellytys on, että kohdetta lähestytään aisti-ilmiönä, fenomeeninä, ja että sitä myös tarkastellaan siinä ilmiöyhteyskentässä, johon se liittyy.[137]

Taiteellisilla harjoituksilla on opiskelijan aistiorgaanien toimintaa aktivoiva ja elävöittävä tehtävä. Taide ei ole pelkkä viihdettä tarjoava kulttuurin sivujuonne. Se lienee ainoa alue kulttuurissamme, joka varsinaisesti kantaa pedagogista vastuuta ihmisen aistien kehityksestä. Moderni aivofysiologia on osoittanut, miten suuri merkitys esimerkiksi erilaisten motoristen toimintojen tai aistimuskokemusten toistamisella yhä uudelleen on aivoissa muodostuvien hermosolujen ja niiden välis-

---

[136] Skinnari 2000, s 184.
[137] Ove Ek, artikkeli: Luonnonhavainnointi – Havainnointiin perustuva tutkiva, tietoa tuottava opetusmenetelmä, 2002

95

ten, ns. assosiatiivisten ratojen muodostumisessa.[138] Kaiken varhaislapsuuden pedagogiikan tulisi erityisesti kiinnittää huomiota tähän taiteellisen toiminnan ja neurofysiologisen kehityksen väliseen vuorovaikutukseen.

Aistiminen, havaitseminen on tiedostamistapahtuman toinen tieto-opillinen osatekijä aristotelisessa mielessä, ajattelu, käsitteenmuodostus toinen. Siksi on mahdollista nähdä taiteellinen toiminta aistimisen ja havaitsemisen harjoituskenttänä yhteydessä objektiivisen tiedon muodostumiseen. Ilmiömaailman aistiminen, aistimusten työstäminen (esimerkiksi maalaamalla), töiden verbaalinen tarkastelu ja pyrkimys työstetyn aineksen ymmärtämiseen avaavat opiskelijalle tiedostamistapahtuman osatekijät koettaviksi sellaisella uudella ja elämyksellisellä tavalla, joka ei olisi saavutettavissa pelkän teoreettisen opiskelun myötä. Erona perinteiseen empiiriseen luonnontutkimukseen on se, että taiteellinen tarkastelu ei riisu luonnonilmiöistä niiden kvalitatiivista ulottuvuutta. Ja se säilyttää edelleen kvantitatiivisen tarkastelun mahdollisuuden.

Ek toteaa, että työskentely luonnontarkastelussa etenee neljän vaiheen kautta:[139]

1. Liittyminen

"Kohteeseen paneudutaan laadullisena ilmiönä. Millainen on kohteen muoto, rakenne tai koko hahmo? Miten hahmo jäsentyy vai onko se jäsentymätön? Entä värillisyys, onko se yhtenäinen vai eriytynyt? Mikä tai mitkä värit hallitsevat? Miten mahdolliset värit tai valöörit asettuvat kokonaisuuteen jne?"

Ek korostaa, että tarkoituksena ei ole selittää vaan paneutua ilmiöön tekemällä monipuolisia havaintoja. Tässä paljastuu Goethen fenomenologian ja esim. Husserlin "fenomenologisen reduktion" välinen ero. Se aistimuksellisen objektivointi, mikä Husserlilla tapahtuu rationaalisessa analyysissä, toteutuu goetheanistisessa fenomenologiassa aistimuksellisen äärellä. Ei ole tarkoitus todeta aistimaailman subjektiivisuutta ja sitten julistaa se harhan alueeksi, vaan tarkoitus on ensin objektivoida niitä aistimisessa vaikuttavia osatekijöitä, jotka aluksi ilmenevät subjektiivisina, ja paljastaa aistimisen objektiivinen osuus tietotapahtumassa. Ek ilmaisee asian siten, että aistikokemuksessa voimme kokea välittömän läsnäolon, autenttisuuden; olemme osa maailmaa ja maailma on osa meitä (vrt. Plessner, Feuerbach).

"Liittymistä ilmiöön edestauttaa aistimisen lisäksi toiminnallinen osallistuminen. Tämän voi toteuttaa esimerkiksi piirtämällä,

---

138 Ks. esimerkiksi J. Eccles: How the Self Controls Its Brain, 1994
139 Ks. edellä mainittu artikkeli: Ek: Luonnonhavainnointi.

maalaamalla tai plastisesti muovaamalla (myös esimerkiksi liike, ele, tanssi, draama, laulu ja musiikki voivat tulla kysymykseen) ... Toiminnan kautta ihminen todellistuu. Liittymisen kolmas osatekijä on artikulointi. [...] Tarkoitus on sanallisesti ilmaista ja luonnehtia syntynyttä aineistoa ja myös tavoittaa mahdollisia yhteisiä piirteitä sekä erilaisia ääritapauksia. Tuloksena on yhteisesti (ryhmässä) tuotettu tieto."

Artikulointivaiheessa on tärkeää se, että työryhmä on suurehko koska tällöin saadaan aikaiseksi laaja työstetty aineisto (esim. maalauksia), joita tarkastellessa voi syntyä elävän keskustelun mahdollisuus.

Tarkastelun seuraava vaihe on:

2. Ajallinen seuranta

"Tässä seurataan kohteen erilaisia kehitysvaiheita. Esimerkiksi kasvin kohdalla on siemenvaihe, verson kehitysvaiheet, kukkavaihe ja kukan kehitysvaiheet, hedelmän ja uuden siemenen kehittyminen ja kasvin kuihtumisvaiheet. Kasvin kokonaisuus toteutuu ajassa... Tarkastelemalla kehityskulkuja voimme yhdistää eri vaiheita kokemuksessamme sisäisesti eläväksi kokonaisuudeksi. Tätä sisäistä kuvaa kutsun aikahahmoksi. Kasvissa kehitys on toimivaa todellisuutta, ihmismielessä se esiintyy kuvana."

Ek toteaa kolmannesta luonnontarkastelun vaiheesta;

3. Kokemuksellinen arviointi

"Mitä vaikutelmia ilmiö herättää meissä? Kohdetta tarkastellaan kokemuksellisesti ilmaisullisesta näkökulmasta kuin taideteosta. Tämä toiminta edellyttää itsereflektointia, kykyä erottaa kohteen välittömästi herättämät vaikutelmat erilaisista (muistinvaraisista) mielikuva- ja assosiaatiovirroista."

Kun pyritään arvioimaan ja ymmärtämään kohteen ominaislaatuja, voi itsereflektoinnissa, omien kokemusten objektivoinnissa, olla suureksi avuksi ryhmässä tehty yhteinen (kuva)tarkastelu. Tottumuksemme ja ennakkokäsityksemme vaikuttavat ratkaisevasti siihen mitä näemme ja havaitsemme maailman ilmiöinä ympärillämme (näemme sen minkä ymmärrämme). Ihmistajunnan intentionaalinen rakenne on tämän tosiasian konstitutiivinen syy. Ryhmässä tapahtuva oman subjektiivisen kokemusmaailman alueiden erittely ja vertaaminen muiden kokemuksiin ja huomioihin edesauttaa objektivointia. Voi huomata, että subjektiivisessa löytyy alueita, jotka ovat samalla objektiivista.

Ek muotoile luonnontarkastelun viimeisen vaiheen seuraavalla tavalla:

4. Identiteetin tavoittaminen.

"Kokemuksellisuuden, ajallisten kehitystapahtumien (aikahahmon) ja tilahahmon kautta lähestymme esimerkiksi kasvin eri osa-alueita yhdistävää tekijää: "tyyliä", sitä mikä tekee kohteesta johdonmukaisen kokonaisuuden. Tätä voisi kutsua myös kohteen "identiteetiksi". Jos tämä saavutetaan, kohde on tavoitettu ja ymmärretty."

Snellman-korkeakoulussa harjoitettavan fenomenologisen tutkimusasenteen merkitys korostuu siinä, että samalla kun se tarjoaa uusia kvalitatiivisen tutkimuksen mahdollisuuksia ulkoisen maailman tarkastelussa, se myös tekee havainnolliseksi ja kokemukselliseksi sen, miten ihmisen tajunta ja tiedostaminen toimii, miten aistimuksellinen ja käsitteellinen liittyvät toisiinsa muodostaen yhtenäisen todellisuuden. Se pyrkii poistamaan abstraktin tietoisuuden erillisyyden kokemuksen ja liittämään ihmisen jälleen maailman yhteyteen.

Ek siteeraa artikkelissaan erään opiskelijan kommenttia luonnontarkastelutyöskentelystä Snellman-korkeakoulussa:

"Vasta nyt aloin kunnolla tajuta metamorfoosiajattelua. Ensimmäiset ja viimeiset työt olivat kuin eri töitä. Yhteyden niiden välillä alkoi tajuta vasta, kun katsoi välitöitä. Keskikuvat sitoivat alku- ja loppukuvien erilaisuudet yhteen. Kuvissa ilmenee luonnon metamorfoosi: yksi erilaisuus liittyy toiseen erilaisuuteen välivaiheiden kautta. Luonnossa ei oikeastaan ole erillisyyksiä vaan kaikki liittyy yhteen, on vain yhteyksiä."

6.3 Sosiaalis-käytännölliset opinnot

Sosiaalis-käytännöllisten opintojen tarkoituksena on inhimillisen tahdonelämän herättäminen, itsekasvatuksen ja harjoittelun merkityksen tavoittaminen ja soveltaminen sosiaalisessa elämässä. Käytännöllinen ja sosiaalinen tahto (eettisyys) on inhimillisen sielunelämän realiteettina *harjoitettava* ominaisuus siinä, missä muutkin inhimilliset kyvyt.

Erilaiset käden taitoja kehittävät toiminnat, joita toteutetaan mm. pajatyöskentelyn muodossa − perinteiset käsityöt sekä savi-, puu-, lasi-

98

huovutus- ja kirjansidontapajat ym. – kuuluvat tähän kokonaisuuteen.

Yksilöllisten käden taitojen lisäksi on ihmisen tahdonelämän kehittymisellä merkitystä myös yhteisöllisellä, sosiaalisella alueella. Opintojen keskeisenä piirteenä voidaan pitää *yhteisönmuodostusta*; vastuun kantamista ja toisaalta osallistumista korkeakoulun hallinnon ja käytännön toiminnan suunnitteluun ja toteuttamiseen.

Opinnoissa harjoitellaan siten samaa yhteisvastuullisuuden kollegiaalista periaatetta, jota steinerkoulujen ja -päiväkotien opettajakunnat toteuttavat omissa työyhteisöissään ja jolle myös Snellman-korkeakoulun pedagoginen ja hallinnollinen työskentely perustuu. Sosiaalisen tahdon (tältä osalta eettisyyden) opiskelu muodostuu siten osaksi Snellman-korkeakoulun arvokasvatusta.

6.4 Opiskelijan itsetajunnan oikeutus

Antaako kasvatus lapselle eväät yksilöllisyyden henkisempien puolien, itsetajunnan ja arvotajunnan myöhemmälle kehitykselle? Antaako aikuisiän koulutus mahdollisuuden itsetajunnan ja arvotajunnan toteutumiselle ja antaako se tehtäviä niiden kehittymiselle edelleen? Kysymys on perimmältään siitä, mikä merkitys yksilön itsetajunnalla katsotaan olevan oppimistapahtumassa. Esimerkiksi erilaiset konstruktivistiset oppimiskäsitykset etsivät vastausta kasvatus- ja koulutuskysymyksiin tästä näkökulmasta.

Miten tulisi opiskelun korkeakoulussa silloin poiketa kouluopiskelusta? Mitä erityisiä uudistuksia yksilön itsetajuntaa ja ihmisarvoa korostava fenomenologisesti suuntautunut kasvatusfilosofia voisi tarjota nykyajan akateemisille koulutuskäytännöille?

Tieteellisyyttä painottava opettajankoulutuksen eetos on sisältänyt pyrkimyksen välittää opiskelijoille käsitys tieteellisestä tutkimuksesta, tieteellisen toiminnan periaatteista ja näiden soveltamisen taidon. Vanha pedagoginen perusongelma on ollut miten muuntaa yliopistollinen tutkimustieto ja opetuskäytäntö sellaiseksi, että se soveltuisi koulukasvatukseen. Kranich toteaa, että tässä opetuksen didaktisessa muuntamisprosessissa ei niinkään ole kyse tieteellisten menetelmien välittämisestä lapselle, vaan ennen kaikkea kiinnostuksen (Inetresse) ja innostuksen herättämisestä maailman todellisuutta kohtaan.[140] Innostuksesta ja

---

140   Kranich (Rumpf, Kranich, 2000) s. 132.

99

mielenkiinnosta voi oppivassa lapsessa syntyä se ilo, joka nykyajan oppi-
misilmapiireistä usein puuttuu.

"Kiinnostus sitävastoin vahvistaa sisäistä osallistumista. Silloin
ei opita tuntemaan jotain pelkästään edeltä laaditun suunni-
telman mukaisesti, vaan silloin tahdotaan oppia tuntemaan ja
vieläpä itsestä käsin. [...] Kiinnostus on tässä merkityksessä
pyrkimystä tietämiseen (Erkenntnisstreben), tietämisen janoa,
pyrkimystä tietävään osallistumiseen. Mielenkiinto, kiinnostus
on sellaista, jonka tulisi vaikuttaa impulsoivana tekijänä kaikes-
sa sisällöllisessä oppimisessa. Muussa tapauksessa muodostuu
oppiminen toiminnaksi ilman persoonallista osallistumista, ai-
van kuten syöminen ilman nälkää ja ruokahalua." [141]

Jotta opetus voisi rakentua mielenkiinnolle, on sen oltava elämyksellis-
tä, omakohtaisesti koettavaa. Taiteiden harjoittamisella ja taiteellisen
lähestymistavan käyttämisellä on Snellman-korkeakoulussa saatu hyviä
kokemuksia tämän elämyksellisyyden ja mielenkiinnon synnyttämisessä
myös aikuisopiskelussa.

Kirjoituksessaan 'Akateemisesta opiskelusta', [142] J.V. Snellman toteaa,
että yliopisto-opiskeluun kuuluu erottamattomana osana "itsetajunnan
oikeutus" - opiskelijan oikeus muodostaa oma käsityksensä tiedon tradi-
tion järjellisyydestä. Ilman itsetajunnan oikeutusta opiskelijasta tulee
pelkkä objekti, johon tradition oikeaksi katsoma tieto siirretään sellai-
senaan.

Jotta tietäminen olisi yksilön omaa tietämistä, on sen tapahduttava joka
kerta uudestaan subjektista käsin ainutkertaisena tapahtumana. Luen-
noiva ja "läksyjä jakava" 1800-luvun koulumainen yliopisto ei juuri pii-
tannut tästä opiskelijan itsetajunnan kehityksestä. Snellman kritisoi
ankarasti poleemisessa kirjoituksessaan aikansa yliopistojen opetuskäy-
täntöä.

Toisaalta opiskelija ei voi nojata pelkkään subjektiiviseen minäänsä tie-
don muodostuksessa. Tulos on silloin mielivaltainen. Tasapaino voidaan
Snellmanin mukaan saavuttaa vain silloin kun subjekti saa oman ajatte-
lunsa pohjalta arvioida, mikä hänen kohtaamassaan tiedon traditiossa
on järjellistä – omaa totuuden-, oikeuden- (ja kauneuden) tajua puhut-
televaa. Tradition sisältämä tieto objektivoituu silloin yksilön omana tie-
tona. Vasta tämän jälkeen yksilö voi toimia luovasti niin, että traditio voi
hänessä kehittyä edelleen.

Snellman-korkeakoulun pedagogisen pyrkimyksen yhteydessä voitaisiin

---
141 Kranich (Rumpf, Kranich, 2000), s. 133
142 Ks. J.V. Snellman: Akateemisesta Opiskelusta (1840), suom. 1999.

100

lisätä, että kuten ajattelun kohdalla, myös esteettisyyden ja eettisyyden kohdalla pätee sama subjektiivisen minän ja tradition välisen sovituksen välttämättömyys.

Koska opiskelijan itsetajunta, hänen oma kokemuksensa niin keskeisesti määrää hänen oppimisprosessiaan, muodostaa kokemuksellisuuteen pohjaava fenomenologinen filosofia luontevan lähtökohdan tämän oppimistapahtuman ymmärtämiselle. [143]

6.5 Itsetajunnan kehittämisestä arvotajunnan kehittämiseen

Steinerpedagogiikassa ymmärretään opettajan tehtävä "kasvamaan saattamisena". Lapsen kehityksen perimmäiset voimat piilevät lapsessa itsessään. Kasvatuksen tehtävä on auttaa näitä kasvuvoimia toteutumaan lapsen yksilöllisyydestä käsin kohti ihmisyyttä. Ihmisyyden arvo voidaan nähdä steinerpedagogiikan arvokasvatuksen lähtökohtana ja se muodostaakin steinerpedagogisen opettajankoulutuksen ja muiden Snellman-korkeakoulun koulutusten perustan.

Skinnari mainitsee kaksi perinteisen opettajankoulutuksen "eetosta".[144] Yliopistokoulutuksessa vallitsee tieteellinen eetos, joka korostaa tieteellisyyttä ja tutkimusta. Toisaalta on 1970-luvulta lähtien ammatillisuus astunut mukaan kuvaan opettajankoulutuksessa. Opettajaksi kouluttautuvat eivät kaikki miellä itseään niinkään tieteellisiin kuin ammatillisiin tavoitteisiin pyrkiviksi.

Skinnari kysyy: "Onko arvokasvatuksella paikkaa tässä kokonaisuudessa, joka yleensä on pelkistynyt tieteellisyyden ja ammatillisuuden väliseksi mittelöksi? ... Olisivatko sekä tieteellisyyden että ammatillisuuden tavoitteet eettisten innovaatioiden kannalta riittämättömiä?"

Skinnari katsoo, että tieteellisyyden ja ammatillisuuden välttelemä kannanotto toiminnan päämäärien oikeutuksesta tai ylipäätään kysymys oikeasta ja väärästä, hyvästä ja pahasta muodostuvat keskeisiksi kysymyksiksi sivistyksellisistä lähtökohdista ponnistavissa koulutuksen suuntauksissa. Skinnari päätyy toteamukseen, että sekä tieteellisyyden että

---

[143] Tämän kirjoituksen tehtävä ei ole paneutua itse oppimistapahtuman dynamiikkaan, vaan keskittyä sen taustalla vaikuttavaan filosofiseen käsitykseen ihmisestä. Oppimiskäsityksestä steinerpedagogisessa aikuiskoulutuksessa katso esim. Coenraad van Houten: Erwachsenenbildung als Willenserweckung, Verlag Freies Geistesleben, 1993.
[144] Ks. Skinnari, 2000.

101

ammatillisuuden yhdistävä arvo on juuri ihmisyyden arvo.[145]
Vaikka ihmisarvo on tieteemme teknisen tiedonintressin myötä hämärtynyt, ei tämä kuitenkaan Skinnarin mukaan merkitse sitä, että se tulisi sivuuttaa. "Päinvastoin, ihmisarvo tulisi nostaa ihmistieteiden tutkimukselliseen keskiöön. [...] Tarvitaankin laadullista tutkimusta ihmisarvosta."[146] Opettajankoulutuksen tulisi Skinnarin mukaan löytää uusia asiantuntijuuden kriteerejä, esimerkiksi muodossa: "ihmisenä olemisen pätevyysvaatimukset".[147]

Ihmisarvo liittyy keskeisesti käsitykseemme ihmisen perimmäisestä olemuksesta. Luonnontieteellinen käsitys ihmisestä pelkistää ihmisarvon luonnonarvon tasolle, jolloin ihminen on parhaimmillaan yksi arvokas luonnonobjekti muiden luonnonobjektien rinnalla. Pahimmassa tapauksessa hänet nähdään luonnon voimavarana, jolla on käyttöä esimerkiksi talouselämän resurssina tai lääketieteellisenä varaosareservinä (elinsiirrot).

Filosofisen antropologian näkökulmasta ihmisarvoon liittyy aikaisemmin mainittu henkisyyden idea. Henkisyys on ihmisen ominaispiirteenä arvo sinänsä. Filosofisessa antropologiassa henkisyys määritellään ihmiselle tyypillisenä tajunnallisuuden erityispiirteenä – itsetajunta. Wilenius lisää tähän henkisyyden käsitteeseen vielä arvotajunnan.[148] Sen kehitys myötäilee ihmisen yleistä kulttuurikehitystä. Wilenius toteaa:

> "Jo antiikin filosofiassa kohtaamme kolme henkistä perusarvoa, *toden, kauniin ja hyvän arvot.* Näiden rinnalle nousee keskiajalla *pyhän arvo,* uudella ajalla *ihmisarvo* ja 1900-luvun lopulla *luonnon arvo."*[149]

Wilenius pohtii, että kasvatuksen ehkä keskeisin eettinen kysymys on, miten ihmisarvon kokemista vahvistetaan, ja hän toteaa, että paljon riippuu siitä, miten vahva kasvattajalla itsellään on ihmisen arvon tajuaminen.[150]

Tämä asettaa opettajankoulutukselle haasteen: miten kehittää arvotajua aikuisuudessa? Koulutus voi pyrkiä herättämään kokemuksia itsetajunnasta ja sen syventämisen mahdollisuudesta (vrt. Rauhala: "henkisen asenteenmuutoksen avulla") sekä henkisten arvojen toteut-

---
[145] Skinnari, 2000, s. 178.
[146] Ibid, s. 179.
[147] Skinnari, 2001.
[148] Wilenius, 2002, s. 83.
[149] Ibid, s. 84.
[150] Ibid, s. 84.

102

tamisen mahdollisuudesta asettamalla opiskelija esimerkiksi sellaisten sosiaalisten tehtävien eteen, jotka näitä edellyttävät. Ihmisen kokonaisuuteen, hänen arkisen tai psykologisen minänsä rinnalle rakentuu henkisten arvojen kehityksen myötä eräänlainen korkeampi tai henkinen minä, josta Wilenius käyttää nimitystä "arvominä".[151] Tämän arvominän syntymistä ja kehittymistä ihmisessä voidaan kutsua Snellmanin sanoin *henkiseksi kasvuksi.*

* * *

Edellä on esitelty Snellman-korkeakoulussa harjoitettavan kokonaisvaltaisen opiskelun perusteita tieteenfilosofian ja erityisesti filosofisen antropologian näkökulmasta. Klassillisen kasvatusfilosofian mukaisesti siinä korostuu tiedollisten, taiteellisten ja sosiaalis-käytännöllisten opintojen merkitys yksilön totuudellisuuden, esteettisyyden ja eettisyyden kehityksessä. Tätä ihmisen jatkuvaa luonnollista tahtoa sisäiseen kehittymiseen, tahtoa tulla ihmiseksi, Skinnari pitää tavallista laajempana näkemyksenä elinikäisestä oppimisesta.[152]

On kysymys ihmisen sisäsyntyisestä muutostahdosta. Opettaja voidaan nähdä tämän muutoksen agenttina ja oppilas tai opiskelija aktiivisena, sisäisesti muuttuvana ja yhä syvempään itsetajuisuuteen kasvavana yksilöllisyytenä. Kolminaisella inhimillisen kasvun alueella; ajattelun, tunteen ja tahdon alueella piilee yksilön kehityksessä vastuksia, joiden ylittämisestä on henkisessä kasvussa perimmältään kyse. Tätä sielunelämämme "vastusten" problematiikkaa pyrkii oppimistapahtuman tutkimus selvittämään.

Kouluopetuksessa keskeinen elämyksellisyyden idea on myös olennainen osa kaikkia aikuisuuden opintoja. Yhä uudelleen on opetuksen palattava ilmiöiden, fenomeenien äärelle, jotta elämysten avoimuus ja autenttisuus olisi säilytettävissä. Skinnari huomauttaa, että fenomenologisessa lähestymistavassa ei ole tarkoitus vähentää tieteellisyyttä vaan tehdä tieteestä inhimillistä.[153]

---

151 Wilenius, 2002, s. 89. Wilenius toteaa, että Ahlman kutsuu sitä nimellä "ihmisen varsinainen minä" ja Steiner käyttää siitä nimitystä "henkiminä".
152 Skinnari 2000, s. 179.
153 Ibid, s. 183.

Kokonaisvaltaisten opintojen toteuttaminen Snellman-korkeakoulussa runsaan neljänkymmenen vuoden aikana on tuonut mukanaan hyviä kokemuksia sekä yleissivistävissä että ammatillisissa opinnoissa. Korkeakoulujen arviointineuvoston suorittama steinerpedagogisen opettajankoulutuksen ulkoinen arviointi osoitti, että haasteita löytyy edelleen, ehkä eniten tutkimuksen ja tiedollisten opintojen vaativuuden kehittämisessä. Opiskelijoiden mielenkiinto kokonaisvaltaisiin opintoihin oli kuitenkin ilmeinen. Samansuuntaisia kokemuksia saatiin myös alustavassa itsearvioinnissa.

Snellman-korkeakoulun opinnoissa korostuva kokonaisvaltainen ihmiskäsitys, käsitys ihmisestä fyysisenä, sielullisena ja henkisenä kokonaisuutena sekä sen puitteissa rakentunut fenomenologinen lähestymistapa vaatisi vertailevaa lisätutkimusta sekä tutkimuksellista yhteistyötä Snellman-korkeakoulun ja muiden opettajankoulutuksista vastaavien yliopistojen ja ammattikorkeakoulujen välillä.

7 Kirjallisuusluettelo:

Ahlman, Erik: Ihmisen probleemi, johdatus filosofisen antropologian kysymyksiin, WSOY, 1953

Aristoteles: Fysiikka, Gaudeamus, 1992

Aristoteles: Metafysiikka, Gaudeamus, 1990

Barfield, Owen: Evolution – der Weg des Bewusstseins. Zur Geschichte des Europäischen Denkens, N.F. Weitz Verlag, 1991 (Alkuteos: Saving the Appearances – A Study in idolatry),

Bortoft, Henri: The Wholeness of Nature – Goethe's Way of Science, Lindisfarne Press, 1996

Dahlin, Bo: Den tunga vetenskapen – Lärarstuderandes uppfattningar av naturvetenskap med kontroversen mellan Goethes och Newtons optik som utgångspunkt, Karlstad University studien, 2002:7

Drake, Stillman: Discoveries and Opinions of Galileo, 1957

Dreyer, J.L.E.: A History of Astronomy from Thales to Kepler, Second edition, Dover Publications, 1953

Duhem, Pierre. 1969. To save the Phenomena. An essay on the idea of physical theory from Plato to Galileo. Translated from French by E. Doland and C. Maschler. The University of Chicago Press.

Eccles, John C.: How the Self Controls Its Brain, Springer Verlag, Berlin Heidelberg, 1994

Ek, Ove: Luonnonhavainnointi, Havainnointiin perustuva, tutkiva, tietoa tuottava opetusmenetelmä, artikkeli 2002

Farioli, Marcella, artikkeli; The Genesis of the Cosmos, the Search for the Arche and the Finding of Aitia in Classical Greek Culture

Heidegger Martin: Oleminen ja aika, Gummerus, 2000

Heidegger Martin: Perusteen periaate, Kustannusoy Teos, 2018

Heidegger Martin: Zähringen seminar 1973, GA 15

Horky, Philip Sidney, artikkeli: Persian kosmos and Greek Philosophy

Kallio-Tamminen, Tarja: Havaitsijan asema kvanttimekaniikan kööpen-haminalaisessa tulkinnassa, artikkeli Tieteessä tapahtuu-lehdessä, nro: 5/2000

Kranich, Ernst-Michael: Zu einem neuen Bild von Unterricht und von der Tätigkeit des Lehrers. Teoksessa: Welche Art von Wissen braucht der Lehrer? Kirjoittajina: H. Rumpf ja E-M Kranich, Klett-Cotta, Stuttgart, 2000

Kuhn, Thomas S.: The Structure of Scientific Revolutions, Second enlarged Edition, The University of Chicago Press, 1970

Kuhn, Thomas S.: The Copernican Revolution, Planetary Astronomy in the Development of Western Thought. Modern Library Paperbacks. 1957

Laine, Timo: Feuerbach, Scheler, Plessner, tekstejä filosofisen antro-pologian historiasta, Jyväskylän yliopiston filosofian laitos, 40/1989

Lebedev Andrei: artikkeli: Alcmaeon of Croton on Human Knowledge, the Seasons of Life, and Isonomia: A New Reading of B 1 DK and Two Additional Fragments from Turba Philosophorum and Aristotle

Maier, Georg: Gedanken zur Komplementarität, Elemente der Natur-wissenschaft, Heft 1/58, Dornach,1993

Martin, Gottfried: General Metaphysics – Its probleems and Methods, Unwin LTD, London, 1968. (Original title: Allgemeine Metaphysik)

Niiniluoto, Ilkka: Johdatus tieteenfilosofiaan, Otava, 1980

Niiniluoto, Ilkka: Tieteellinen päättely ja selittäminen, Otava, 1983

Niinivirta, Markku: Fronesis opettajankoulutuksen taustafilosofiassa. Snellman-korkeakoulusta valmistuneiden steinerkoulun luokanopettajien kertomuksia tiestään opettajuuteen. Väitöskirja, Tampereen yliopisto, 2017

Rask, Raimo: On the Phenomena of Rainbows – Goethe's Method of Science, Snellman-korkeakoulu, 1999

Rauhala, Lauri: Humanistinen psykologia, Yliopistopaino, 1990

Rauhala, Lauri: Psyykkinen häiriö ja psykoterapia filosofisen analyysin valossa, Prisma-tietokirjasto, Weilin + Göös, 1974

Seamon, David and Zajonc, Arthur (ed): Goethe's way of Science, A Phenomenology of Nature, State University of New York Press, 1998

Skinnari, Simo: Arvokasvatuksen haaste opettajankoulutuksessa, Kohti eettisiä innovaatioita. Teoksessa: Innovatiivinen yliopisto? (toim.) S.

Honkimäki ja H. Jalkanen, Jyväskylän yliopisto, koulutuksen tutkimus-laitos, 2000

Skinnari, Simo: Opettajuuden etiikka tulevaisuuden maailmassa, teok-sessa Oppiminen ja opettajuus. (toim.) Lehtinen E. ja Hiltunen T., Turun yliopiston kasvatustieteellisen tidekunnan julkaisuja, 2001

Snellman, Johan Vilhelm: Akateemisesta opiskelusta (1840), suom. Snellman-korkeakoulun julkaisuja I, 1999

Snellman, Johan Vilhelm: Persoonallisuuden idean spekulatiivisen kehittelyn yritys, Tübingen 1841. Snellman: Teokset, osa II, ss. 299-479. Gummerus 1982

Steiner, Rudolf: Grundlinien einer Erkenntnistheorie der Goetheschen Weltanscauung, 1886, Taschenbuchausgabe 36-45. Tsd. 1984, Rudolf Steiner-Nachlassverwaltung, Dornach

Steiner, Rudolf: Totuus ja tiede, Suomen antroposofinen liitto,

Steiner, Rudolf: Vapauden filosofia, Suomen antroposofinen liitto

Tor, Shaul: artikkeli: Parmenides' epistemology and the two parts of his poem.

Wilenius, Reijo: Miten käy lasten ja nuorten – Keskustelua ja filosofiaa kasvatuksesta, Dialogia, 2002

Wilenius, Reijo: Mitä on ihminen – Filosofiaa ihmisestä ja inhimillisestä kasvusta, Ateena kustannus, 1999

Von Wright, Georg Henrik: Explanation and Understanding, Cornell University Press, 1971

8 Sanasto

abstrakti käsitteellinen, teoreettinen, epähavainnollinen, vastakohtana konkreettinen

aistimus, aistikokemus, aistien (näön, kuulon, hajun, maun jne.) välittämä kokemus, jota kutsutaan jäsentyneenä havainnoksi

ajattelu kokemuksellisesta näkökulmasta katsoen käsitteiden luomista, käyttämistä ja yhdistämistä toisiinsa

analyysi (kreik. analysis), osiin hajoittaminen, jäsentäminen, erittely, selvittäminen, vastakohtana synteesi

analyyttinen filosofia yhteisnimitys joukolle erilaisia 1900-luvun filosofian suuntauksia erityisesti englantilaisella kielialueella, yhteisiä piirteitä; torjuva suhde metafyysiseen ajatteluun, empiristinen peruspainotus ja luottamus filosofiseen käsiteanalyysiin, tutkimuskohteina erityisesti kieli, logiikka ja tiede.

annettu filosofiassa käytetty termi, jolla tarkoitetaan sellaisia asiantiloja, jotka ovat meille ikään kuin suoraan "annettuina" olemassa ilman, että olemme itse olleet niiden syntyyn vaikuttamassa, yleensä annettuna on pidetty erityisesti aistimuksia, annettuina voi pitää myös kaikkia sisäisiä tiloja, esimerkiksi tunteita.

a posteriori (lat.) Kant käyttää tätä termiä tiedosta, joka perustuu aistihavaintoon eli on riippuvaista havainnoista ja syntyy havainnon jälkeen, vrt. a priori

a priori (lat.) tavallisessa merkityksessä: edeltä käsin, ilman edeltävää tutkimusta; Kantilla tieto, joka perustuu järkeen eli on olemassa ennen havaintoa asiasta, esim. Platonin myötäsyntyiset ideat ovat a priori

atomismi antiikin Kreikassa syntynyt käsitys maailmasta äärettömänä tyhjiönä, aineen katsottiin koostuvan pienistä jakamattomista kappaleista, jotka liikkuvat tyhjiössä

autonomia itsehallinto, oikeus tehdä päätöksiä kuulematta ylempää tahoa, riippumattomuus; myös yksilön tai tietoisuuden itsenäisyys

behaviorismi käyttäytymistieteellinen lähestymistapa, jonka mukaan ihmistutkimuksessa on pitäydyttävä objektiivisesti havaittavien ärsykkeiden (stimulus) ja reaktioiden (response) välisten kytkentöjen kartoittamiseen ihmisen ulkoisen käyttäytymisen seurannan muodossa

deduktio päättely yleisestä (ideaalisesta) yksityiseen (aistittavaan erityistapaukseen)

didaktiikka opetusoppi, opetuksen tutkimus, pyrkii selvittämään ja kehittämään hyvän opetuksen perusteita ja dynamiikkaa

didaktinen opetusta tai sen tutkimusta koskeva, opetusopillinen

dogmaattinen oppeihin ja opinkappaleisiin tiukasti pitäytyvä; näkemys, jonka mukaan tietyt totuudet ovat annettuja; arkikielessä ahdasmielinen

dogmi (lat. dogma, oppi) opinkappale, usko, uskonkappale

doksa (kreik.) Platonilla ja kreikan filosofiassa luulo, käsitys, joka ei ole tietoa

dualismi ajatustapa, jonka mukaan todellisuus jakaantuu kahteen erilliseen ja usein vastakkaiseen peruselementtiin, esim. henkiseen ja aineelliseen

eetos inhimillinen pyrkimys, joka sisältää eettisiä tai moraalisia näkökohtia

eettinen (kreik. ethos, tapa) etiikkaan, moraalifilosofiaan kuuluva; myös moraalinen, siveellinen

egoismi (lat. ego, minä) oman edun tavoittelu toisten ihmisten kustannuksella

eidos (kreik.) hahmo, kuva, muoto, olemus, ks. idea

eksakti tarkka, täsmällinen

eksistenssi olemassaolo, verbi eksistoida

eksistenssifilosofia, eksistentialismi filosofinen ja kirjallinen suuntaus, jossa yhteistä on keskittyminen erityisesti kysymykseen ihmisen olemassaolosta, jonka katsotaan poikkeavan ratkaisevasti muista olemisen tavoista (eksistenssi), edustajia mm. Kirkegaard, Jaspers, Heidegger, Sartre

emansipaatio vapautuminen, filosofiassa erityisesti tietoisuuden tai tajunnallisuuden vapautuminen tai irrottautuminen erityyppisistä lainalaisuuksista tietoiseksi tulemisen kautta

emergentti omaehtoinen ilmiö, asiantila, joka syntyy jonkin kokonaisuuden piirissä, mutta jota ei kuitenkaan voida selittää täysin tuon kokonaisuuden osista käsin, esim. tietoisuutta on pidetty ilmiönä, jota ei voida täysin palauttaa fyysisiin tekijöihin

empiirinen kokemusperäinen, kokemusmaailmaan nojaava, kokemuksilla viitataan tällöin ennen muuta aistimuksiin, havaintoihin ja mittauksiin

empirismi havaintoja korostava tieteellinen ajattelu ja tieto-opillinen suuntaus, jonka mukaan kaikki tieto on peräisin kokemuksesta, erityisesti havainnosta, rationalismin vastakohta

episteme (kreik.) tieto, tietäminen, tiede; kreik. filosofiassa varma tieto luulon ja olettamuksen (doksa) vastakohtana

epistemologia tieto-oppi, tietoteoria

esteettinen (kreik. aisthesis, aistimus) kauneusarvoja korostava, kaunis; inhanteena esteettisyys

estetiikka tieteenala, joka tutkii kauneutta ja taiteen olemusta ja ongelmia, esteettistä elämystä ja taideteosten ontologiaa

etiikka (kreik. ethos, tapa) filosofian haara, joka tutkii moraalisia ilmiöitä, ihmisen toimintaan liittyvää hyvää ja pahaa, oikeaa ja väärää, laajemmin moraalifilosofia; etiikka jaetaan usein teoreettiseen ja normatiiviseen etiikkaan

fenomeeni ilmiö

fenomenalismi käsitys, jonka mukaan tietomme rajoittuu ilmiöihin, ilmiöitä ovat fyysiset ilmiöt (ulkoisten esineiden havaitseminen) tai mielen tapahtumat (sisäinen havainto); fenomenalismia on kaksi päämuotoa: toisen mukaan ilmiöiden takana ei ole mitään, toisen mukaan siellä on, mutta emme voi tietää siitä mitään

fenomenologia käsitettä on käytetty filosofiassa monessa merkityksessä 1700-luvun puolivälistä lähtien; nykyisin sillä tarkoitetaan filosofista suuntausta, joka on saanut alkunsa Husserlista; menetelmänä fenomenologia tarkoittaa subjektiivisten prosessien, kuten tietämisen, kokemisen ja havaintojen rakenteen tutkimista, Husserlin fenomenologiaa varhaisempana muotona pidetään tässä kirjoituksessa esitettyä Goethen luonnonfenomenologiaa

filosofinen antropologia filosofinen ihmistutkimus, pohtii ihmistä kokonaisuutena; mikä ihminen on?

formaalinen (lat. forma, muoto) muotoon, ei sisältöön perustuva, muodollinen

fysikaalinen (kreik. fysis, luonto) fysiikkaan kuuluva; aineellista todellisuutta koskeva, havaittavissa oleva

fysiologia elävän elimistön ilmiöitä tutkiva tieteenala

goetheanismi Goethen virikkeille pohjaava fenomenologinen tutki-
musmenetelmä tai filosofinen lähestymistapa

havainto jäsentynyt aistimus

henki, henkinen vanhan käsityksen mukaan ihminen koostuu kolmesta
osasta, ruumiista, sielusta ja hengestä, hengellä viitataan ihmisen
korkeimpaan olemuspuoleen, joka on mahdollisesti sukua sille, jota
kutsumme jumaluudeksi; hengellä viitataan myös ajatteluun tai ajattelun
kykyyn tarkastella itse itseään; aineeton olento, olemus, substanssi;
filosofiassa paljon käytetty termi, jolla on useita merkityksiä

hermeneutiikka teologiassa ja historiantutkimuksessa kehittynyt van-
hojen tekstien tulkintaoppi, filosofiassa laaja suuntaus, jossa koros-
tetaan mm. käsitteitä 'tulkinta', 'ymmärtäminen', 'merkitys'

humanismi ihmisen arvokkuutta ja inhimillisyyden tärkeyttä korostava
väljä maailmankatsomus, jossa arvostetaan erityisesti sivistystä ihmisen
tavoitteena; alun perin keskiajan skolastiikkaa vastaan syntynyt suun-
taus (renessanssihumanismi), jossa korostettiin mm. vapautta uskon-
nollisista rajoituksista, ihmisen luovuutta ja klassisia opintoja, ihmisen
kehityksen ideaalina oli universaali-ihminen; termiä käytetään hyvin
monimerkityksisesti

hyle (kreik.) aine, materia

hypoteesi olettamus, väite, edellytys, tieteissä erityisesti aikaisemman
tutkimuksen perusteella esitetty olettamus tai väite, jonka paikkansa
pitävyyttä on tarkoitus tutkia

hyve esteettisesti arvokas inhimillinen ominaisuus, moraalinen erin-
omaisuus, hyvyys; ns. kardinaalihyveet muinaisessa Kreikassa olivat
oikeudenmukaisuus, viisaus, kohtuullisuus ja rohkeus

idea (kreik. idea, hahmo, kuva) Platonin maailmankuvassa ideat ovat
aitoja tiedon kohteita ja sijaitsevat omassa ideoiden sfäärissään tai
maailmassaan eräänlaisina alkukuvina, josta maailma on syntynyt;
tavallisessa kielenkäytössä ajatus, käsite, mielikuva

ideaali ihanne

ideologia aatejärjestelmä tai oppi, joka koskee useimmiten yhteis-
kunnallisten olojen järjestämistä

ihmiskuva empiiristen tieteiden tutkimustulosten tuottama kuva ihmi-
sestä

ihmiskäsitys filosofisen analyysin tuottama ontologinen käsitys ihmisen
kokonaisuudesta, jonka empiiriset tieteet joutuvat edellyttämään voi-

dakseen valita tutkimusmenetelmänsä ja kuvausjärjestelmänsä ja toteuttaa oman tutkimuksensa

induktio päättely yksityisestä (aistittavasta erityistapauksesta) yleiseen (ideaaliseen)

intentio aikomus, tarkoitus

intentionaalisuus viittaa tajunnan tarkoittavaan luonteeseen, tajunnan sisältönä on aina jokin mieli, tarkoite tai mekitys jostakin ulkomaailman kohteesta, erityistapauksena tajunnan sisältönä voi olla myös tajunta itse

intuitiivinen välittömään sisäiseen oivallukseen perustuva

irrationaalinen järjenvastainen, mieletön, ei järjen avulla käsitettävissä

itsetajuinen, itsetajunta ihmisen tajunnallisuuden erityispiirre, tietoisuuden mahdollisuus kohdistua itseensä, olla tietoinen itsestään; tästä käytetään nimitystä henkinen erotukseksi pelkästä tajunnallisesta, jossa tietoisuuden kohteena on ulkoinen maailma

järki (kreik. nous, lat. ratio) periaate, joka antaa maailmalle mielen ja järjestyksen, vaikuttaa ihmisessä järjen kykynä, jolla hän voi ymmärtää maailmaa; teoreettisella järjellä tarkoitetaan ihmisen tietämis- ja ajattelukykyä

kausaalilaki, kausaliteetti syyn ja seurauksen yhteys

kognitiivinen ihmisen tiedollista puolta koskeva (erotukseksi tunteesta ja tahdosta); havaitseminen, tiedostaminen, ymmärtäminen ja tietäminen

koherenssi yhteensopivuus, yhtenäisyys

kriittisyys asenne, joka korostaa arvioivaa suhdetta asioihin; myös arvosteleva, tutkiva ja vaaranalainen

kriteeri arviointi- tai vertailuperuste

kvaliteetti (lat.) laatu

kvantiteetti (lat.) määrä, suuruus, paljous

käsite mielellisyytenä ja merkityksinä esiintyviä ideaalisia muodosteita tajunnassa, inhimillisen tiedon sisällöt ilmaistaan käsitteiden muodossa

logiikka (kreik. logos, sana, järki, oppi) järjestys, muoto, termiä käytetään laveassa merkityksessä kuvattaessa ajatusprosesseja tai niiden muotoja; ajattelun lainmukaisuuksia

looginen empirismi kutsutaan myös loogiseksi positivismiksi ja uuspositivismiksi, filosofinen suuntaus, jonka lähtökohtana on käsitys, että tiedollista merkitystä on vain logiikan ja matematiikan lauseilla sekä aistihavaintoihin perustuvilla lauseilla

materialismi käsitys, jonka mukaan todellisuus on perimmältään aineellinen; olettaa havaintojen olevan kuva "todellisesta" aineellisesta maailmasta

mentaalinen (lat. mens, ymmärrys, mieli, järki) ihmismielen ilmiöitä koskeva, psyykkinen, sielullinen, henkinen

metafysiikka filosofian haara, joka käsittelee olevaisen perustaa; oppi olevaisesta sellaisena kuin se on; selvittää mm. jumalan olemusta, ihmisen asemaa maailmankaikkeudessa ja on yritys käsittää olevaisuus kokonaisuudessaan

metodi, menetelmä

monismi (kreik. monos, yksin, ainoa) käsitys, jonka mukaan todellisuudessa on vain yksi laatu, yleensä joko aineellinen tai henkinen

naiivi realismi käsitys, jonka mukaan maailma on juuri sellainen kuin aistiemme välittämä kuva siitä on

nominalismi (lat. nomen, nimi) alun perin keskiajalla syntynyt käsitys, jonka mukaan yleiskäsitteet ovat pelkkiä nimiä, joita ei vastaa mitkään todelliset oliot; tämän käsityksen mukaan käsitteet ovat puhtaasti ihmismielen muodosteita, äärimmäinen nominalisti voi nähdä käsitteiden muodostamisen periaatteessa mielivaltaiseksi, vastakohta käsiterealisti

objekti kohde (havaittu, ajateltu tai kuviteltu), se, mihin kohdistetaan toimenpiteitä

objektiivinen subjektista riippumaton, henkilökohtaisesta asenteesta riippumaton, puolueeton, tasapuolinen, yleispätevä

olio sinänsä (saks. das Ding an sich) havaitsemisen mahdollisuuden ulkopuolella oleva, mutta havaintojemme muodostumiseen mahdollisesti osallistuva todellisuuden alue

omatunto omaan toimintaan kohdistuva eettis-moraalinen arviointi

ontologia oppi olevaisen perimmäisestä luonteesta, osa tieteenfilosofiaa

organismi eliö

paideia (kreik.) kasvatus

platonismi Platonista virikkeen saanut filosofinen ajattelusuuntaus, jonka mukaan on olemassa itsenäinen ideoiden tai käsitteiden maailma, ks, idea, yleisesti korostetaan käsitteellisen tiedon merkitystä

pluralismi sen mukaan todellisuuden perimmäisiä laatuja tai substansseja on useita; tavallisessa kielenkäytössä moniarvoisuus

positivismi yhteinen nimitys filosofisille suuntauksille, joiden yhteisenä piirteenä on tietoteoreettinen käsitys, jonka mukaan tieto perustuu positiivisiin eli kiistattomiin havaintoihin; hylkää kaikki olemassaolon olemusta ja alkuperää koskevat metafyysiset kysymykset

pragmaattinen käytännöllinen, käytännön hyötyä korostava

psyykkinen (kreik. psykhe, sielu) sielullinen, ihmisen sisäisiä elämyksiä, mieltä koskeva, henkinen

rationaalinen (lat. ratio, järki, järjestys) järkevä, järjellinen; empiirisen vastakohtana pelkästään järkeen ja järkeilyyn perustuva tieto

reaalinen todellinen, tosiasiallinen

realismi ajattelu, jossa jonkin ajatellaan olevan olemassa ihmisestä tai hänen kokemuksestaan riippumatta, voidaan erottaa (vrt.) naiivi realismi; kriittinen realismi; käsiterealismin mukaan yleiskäsitteet ovat enemmän ja jotain muuta kuin vain niiden tarkoittamat yksittäiset oliot, käsiterealismi on (vrt.) nominalismin vastakohta

redusoida filosofiassa palauttaa jokin alkuperäisempiin tekijöihinsä, supistaa, pelkistää

subjekti filosofiassa yleensä ajatteleva, tietävä ja toimiva olento

subjektiivinen subjektista riippuva, subjektiin kuuluva, puolueellinen, omakohtainen

substanssi perustalla ja perustana oleva, tosiolevainen

teoria (kreik. theorein, katsella) yleinen, järjestelmällinen ja abstrakti selitys monia yksityiskohtia sisältävästä ilmiöstä ja siinä vaikuttavista olennaisista piirteistä

tieteenfilosofia tutkii filosofisella tasolla kysymystä, mitä on olemassa (ontologia), miten voidaan hankkia luotettavaa tietoa (tieto-oppi) ja mitkä ovat tiedon ajatukselliset lainalaisuudet (logiikka)

tieto-oppi (epistemologia, tietoteoria) eräs filosofian pääalueista, tutkii tietoa, sen mahdollisuuksia ja ehtoja, luonnetta ja rajoja

transsendentti tuonpuoleinen, aistimaailman ja tietämisen ulkopuolella

114

oleva

uusplatonismi myöhäisantiikin uskonnollismystinen filosofinen suuntaus, joka lähti Platonin ajatusten pohjalta ja yritti sulattaa yhteen mm. aristotelisia, stoalaisia, juutalaisia ja itämaisia ajatuksia yhtenäiseksi näkemykseksi; eräs tunnetuimpia uusplatonisteja oli Plotinos

verifioida vahvistaa, todistaa oikeaksi, sen selvittäminen onko väite tosi vai epätosi

---

Sanaston lähteenä käytetty soveltuvin osin teosta Turunen, Wilenius, Paakkola: Mitä on filosofia, Gummerus 1994.